Françoise Dorn

Le petit livre de la Bienveillance

W0270588

FIRST
ÉDITIONS

© Éditions First, un département d'Édi8, 2019

Le Code de la propriété intellectuelle interdit les copies ou reproductions destinées à une utilisation collective. Toute représentation ou reproduction intégrale ou partielle faite par quelque procédé que ce soit, sans le consentement de l'auteur ou de ses ayants cause, est illicite et constitue une contrefaçon sanctionnée par les articles L. 335-2 et suivants du Code de la propriété intellectuelle.

ISBN : 978-2-412-04501-5
Dépôt légal : mars 2019
Imprimé en Italie

Illustration de couverture : Agathe Sorlet
Correction : Anne-Lise Martin
Mise en pages : Cipanga

Éditions First, un département d'Édi8
12, avenue d'Italie
75 013 PARIS – France
Tél. : 01 44 16 09 00
Fax : 01 44 16 09 01
E-mail : firstinfo@efirst.com
Site Internet : www.editionsfirst.fr

SOMMAIRE

INTRODUCTION

Nous vivons dans un monde de plus en plus individualiste, matérialiste, narcissique et méfiant. Nous devons sans cesse surfer sur une vague de stress, faire plus de choses, encore plus vite et mieux, dans une quête exigeante de perfection et de performance. Images violentes, contraintes, complexité, immédiateté, compétition nous assaillent, tandis que les inégalités de notre société deviennent de plus en plus criantes, visibles, intolérables.

Comment rester serein et s'épanouir dans ce climat trop souvent négatif ?

Et si la solution était intérieure, dans une rencontre avec une bienveillance aimante, ce trésor intime trop souvent oublié ? Des retrouvailles qui ne peuvent se faire par la force, mais par la douceur et le lâcher-prise.

Êtes-vous prêt à vous laisser surprendre, à renoncer à vos automatismes quotidiens, à défricher de nouvelles terres intérieures ?

Ce petit livre vous propose d'explorer la force de la bienveillance et son pouvoir de transformation positive. Il vous suffit pour cela de suivre le chemin du cœur, celui qui permet de porter un regard positif sur soi, d'aller à la rencontre de l'autre, pour co-naître avec l'autre, par l'autre, pour l'autre…

Vous y découvrirez des clés de la Communication NonViolente, de la psychologie positive, des neurosciences, mais aussi d'approches venues d'ailleurs qui ont traversé les siècles pour vous offrir cette bienveillance qui permet de savourer la vie avec sérénité, dans un rapport émerveillé avec vous, les autres et le monde. Car en choisissant de faire preuve de plus de bienveillance, vous allez redécouvrir que le bonheur jaillit de ce mouvement d'amour de la vie et que ces ondes bienfaisantes peuvent aussi changer le monde qui vous entoure…

PICTOGRAMMES UTILISÉS DANS CET OUVRAGE

Exercice

Méditation

PARTIE 1

CULTIVER LA BIENVEILLANCE ENVERS SOI

Si vous cherchez la définition de « bienveillance » dans le dictionnaire, voici l'une de celles que vous trouverez : « *capacité à se montrer indulgent, gentil et attentionné envers autrui d'une manière désintéressée et compréhensive* ». Une définition qui introduit plusieurs concepts : une capacité, une relation et une compréhension de l'autre, des formes multiples (indulgence, attention, gentillesse) et un désintéressement. Mais une définition incomplète qui oublie que la bienveillance commence avec soi !

LES EFFETS POSITIFS DE LA BIENVEILLANCE

Nous savons aujourd'hui, grâce aux études menées un peu partout dans le monde, que la bienveillance est source de bien-être, bénéfique pour notre santé physique et mentale.

Le psychiatre américain Charles Raison a étudié à l'université d'Emory, à Atlanta, les effets d'un entraînement à la bienveillance et à la compassion sur l'inflammation cellulaire et le stress. Sa conclusion : cet entraînement les réduit significativement, prévenant aussi la dépression, le cancer et les pathologies cardiaques.

Barbara Fredrickson, chercheuse à l'université de Caroline du Nord, confirme cet effet protecteur du bonheur eudémonique – celui apporté par des activités tournées vers les autres et qui donnent un sens à la vie.

La bienveillance envers soi-même a aussi son impact positif sur l'anxiété et la dépression comme l'a montré Kristin Neff, chercheuse en psychologie :

« *Selon le niveau d'auto-compassion des sujets, on observe une variation d'un tiers à 50 % du degré d'angoisse et de dépression, alors que l'autocritique et l'impression de ne pas être à la hauteur jouent un rôle important dans leur apparition. Les individus les plus compatissants envers eux-mêmes ont aussi une intelligence émotionnelle plus développée, et se sentent moins déstabilisés dans les contextes délicats. Ils appréhendent les problèmes avec davantage de recul, un sentiment d'isolement moins grand, et gèrent mieux leurs émotions.* »

D'autres recherches ont montré le lien existant entre une forte auto-compassion et un faible taux de cortisol, cette hormone du stress.

On observe également chez la personne qui fait preuve de bienveillance une **augmentation du taux d'ocytocine**. Cette hormone joue un rôle majeur dans l'attachement et la consolidation des liens entre les personnes. Elle module notamment l'activité de l'amygdale, une structure du cerveau qui intervient dans le traitement des émotions. Elle modère l'accélération du rythme cardiaque et la hausse de la tension artérielle générée par le stress, atténue le sentiment de dépression et accroît le seuil de tolérance à la douleur. L'ocytocine semble donc à la fois calmer les peurs, qui peuvent empêcher d'interagir avec l'autre, et améliorer l'aptitude à entrer en relation. Sans toutefois nous rendre aveuglément confiants, car « *elle augmente le contact visuel et l'attention que* *l'on porte aux expressions faciales, permettant de se fier à l'instinct qui nous dicte de faire confiance ou non à la personne »*, explique Barbara Fredrickson.

Bienveillance et méditation, un cocktail santé !

Les nouvelles technologies nous sollicitent et nous font entrer dans un travail de plus en plus fragmenté. Pour diminuer la pression, nous allons papillonner sur Internet, jonglant avec les réseaux sociaux, les jeux ou les vidéos.

Les neuroscientifiques se sont intéressés aux conséquences de tout cela sur le cerveau. Ils ont constaté une baisse du pouvoir de concentration, particulièrement chez les adolescents, gros consommateurs d'Internet, qui éprouvaient des difficultés à se canaliser longtemps sur une seule chose. Ils ont également observé que les personnes qui utilisaient la méditation ne présentaient pas ce déficit d'attention et montraient des modifications cérébrales significatives. Tania Singer, neuroscientifique à l'Institut Max-Planck de Leipzig, a ainsi observé sous imagerie par résonance magnétique (IRM) le cerveau de personnes en train de méditer sur l'amour altruiste et la bienveillance. Lorsqu'on les confronte à la souffrance d'autrui, c'est le système de récompense du cerveau qui est stimulé, des aires cérébrales impliquées dans l'amour maternel, les émotions positives et le sentiment d'appartenance. Chez les sujets ne méditant pas, c'est une partie des circuits neuronaux associés à la douleur qui se mobilise.

Une autre étude américaine, menée auprès de volontaires dans un hôpital de Boston, a prouvé qu'une demi-heure quotidienne de méditation pendant huit semaines modifiait leur cerveau. La masse de matière grise de l'hippocampe a augmenté, signe de facultés accrues d'apprentissage et de mémorisation. L'amygdale a perdu en densité, notamment dans les zones de l'anxiété et du stress, permettant ainsi une meilleure gestion des émotions.

Être bienveillant favorise les **sentiments positifs**. Pour Fabrice Midal[1], il ne s'agit de rien de moins que d'Amour. « *Non pas d'un amour romantique, mais d'un Amour ouvert, vaste et chaleureux qui fait du bien, réchauffe et soulage. Un Amour qui doit nous inclure nous-mêmes autant qu'il inclut les autres* », estime le fondateur de l'École occidentale de méditation.

1. *Méditations sur l'amour bienveillant – 12 méditations guidées*, Audiolib, 2013.

Le nerf vague, les émotions positives et la santé

En cherchant les liens entre émotions positives et santé, Barbara Fredrickson et son équipe se sont penchées sur le fonctionnement du nerf vague. Il s'agit d'un nerf qui prend naissance au fond du crâne et dont le rôle le plus crucial est sans doute de raccorder le cerveau au cœur. Un tonus vagal (activité du nerf vague) élevé est bon à tout point de vue : il stimule de minuscules nerfs faciaux qui nous permettent d'établir un contact visuel et de synchroniser nos expressions faciales avec l'autre, accroissant les chances d'entrer mutuellement en résonance positive, voire d'éprouver une émotion d'amour. Différent d'une personne à l'autre, ce tonus vagal est en général stable, mais ces chercheurs ont découvert qu'il peut être renforcé par un entraînement à la **méditation sur l'amour bienveillant**.

Dans son étude, un groupe méditait, l'autre non. Tous les participants devaient noter chaque soir leurs émotions, positives et négatives, et la qualité des relations sociales de la journée. Résultats : les expériences positives étaient plus fréquentes chez ceux qui étaient entraînés, et les gens ayant le plus d'expériences positives étaient ceux dont le tonus vagal avait le plus augmenté. Pour Barbara Fredrickson, l'amour bienveillant est donc « littéralement bon pour la santé ».

Vous verrez au fil des pages, en particulier dans la troisième partie, qu'en suivant les chemins de la bienveillance, vous allez renforcer estime et confiance en vous, joie de vivre, apaiser votre sommeil, booster votre longévité et vous offrir le meilleur antidote à l'isolement…

Mais au fait, êtes-vous un bon compagnon pour vous-même, attentif, sensible et doux ?

Pratiquer la bienveillance,
c'est commencer par soi-même.
Puiser l'idée de ce que l'on peut
faire pour les autres, voilà ce qui met
sur la voie de la bienveillance.

Confucius

TEST : LA BIENVEILLANCE ET VOUS

Vous considérez-vous comme une personne bienveillante ? Pour mieux cerner votre profil dominant, répondez aux questions de ce test :

Le dîner chez vos amis traîne en longueur, et vous êtes fatigué :

- ■ Vous prenez votre mal en patience.
- ☆ Vous respectez l'heure limite que vous vous êtes fixée pour préserver votre sommeil.
- ● Vous prenez congé en douceur en expliquant votre état.
- △ Vous vous levez brusquement en prétextant une urgence.

Un couple d'amis se sépare :

- ● Attristé, vous les écoutez, leur offrez du réconfort et restez disponible pour les aider.

- ★ Vous leur proposez votre aide matérielle : hébergement, garde d'enfants…
- ■ Vous êtes effondré, mais vous gardez cela pour vous pour ne pas augmenter leurs difficultés.
- △ Vous les évitez en attendant que leur situation se décante.

Au travail, comment manifestez-vous votre bienveillance ?

- △ Vous vous occupez de votre job et évitez de perdre du temps avec les histoires des autres.
- ■ Vous évitez les situations conflictuelles et gardez vos opinions pour vous.
- ★ Vous rendez votre travail dans les temps ou prévenez si vous anticipez un retard.
- ● Vous aimez prendre des nouvelles de chacun et partager des moments conviviaux.

En rentrant du travail, vous trouvez votre fils de 4 ans en larmes. Quels sont vos premiers mots ?

- ★ Raconte-moi ce qui s'est passé et voyons ce que nous pouvons faire.
- △ Arrête de pleurer ! Dans la vie, il faut que tu sois fort pour réussir.

■ La vie est dure ! Il faut parfois se faire tout petit pour être aimé.

● Viens dans mes bras faire un câlin !

Lors d'une discussion, vous avez l'habitude de :

△ Couper la parole.

● Écouter avant de donner votre avis.

■ Laisser l'autre parler, car il connaît le sujet mieux que vous.

★ Peser le pour et le contre avant de parler pour être le plus efficace possible.

Quand votre corps vous envoie des signaux de détresse :

■ Vous êtes habitué, vous vous en occuperez plus tard.

★ Vous le confiez à un spécialiste.

● Vous écoutez ce que votre corps vous dit afin de satisfaire vos besoins.

△ Vous pensez : « Quelle injustice avec tout le sport que je fais ! »

Que ressentez-vous quand on se montre bienveillant avec vous ?

■ Vous vous sentez redevable.

△ De la méfiance.

● De la gratitude.

★ L'envie de donner autant que de recevoir.

Quel est votre mode de fonctionnement le plus courant ?

● Être.

■ Subir.

★ Faire.

△ Avoir.

Comment réagissez-vous face à l'individualisme ambiant ?

△ Vous pensez que l'homme est un loup pour l'homme, et que c'est la loi du plus fort qui marche.

■ Vous le subissez.

★ Vous équilibrez vos actes de bienveillance envers vous et les autres.

● Vous faites preuve d'altruisme et participez à des actions solidaires.

Pour vous, la bienveillance c'est avant tout :

★ Une discipline quotidienne.

■ Garder pour soi ce qui peut déranger les autres.

● Un élan du cœur.

△ Du sentimentalisme et une perte de temps.

Résultats du test

Vous avez une majorité de ■

La bienveillance soumise : Vous faites passer les autres avant vous et êtes prêt à accepter beaucoup pour éviter l'affrontement ou les conflits. Vous avez besoin de booster la bienveillance à votre égard en délogeant la croyance selon laquelle vous n'êtes pas important et ne méritez pas le meilleur.

En accueillant vos émotions, en écoutant vos besoins pour les satisfaire, en vivant selon votre cœur, vous renforcerez estime et confiance en vous. Et la bienveillance rayonnera sereinement dans votre quotidien !

Vous avez une majorité de ●

La bienveillance chaleureuse : Vous savez déployer une bienveillance pleine d'empathie et de générosité. Vous offrez des trésors d'écoute et entourez autrui avec désintéressement. Continuez dans cette belle énergie !

Prenez parfois le temps de revenir à vous, pour vous chouchouter en vous donnant la permission de vous recentrer sur l'essentiel : vous !

Vous avez une majorité de ✯

La bienveillance pragmatique : Vous savez incarner vos valeurs au quotidien : politesse, respect, efficacité… Vous anticipez, mettez en place des actions pour gérer le quotidien afin d'éviter malentendus et conflits.

Osez accueillir l'imprévu, la surprise avec spontanéité, pour prendre soin de votre précieux enfant intérieur.

Vous avez une majorité de △

La bienveillance autocentrée : Votre histoire de vie vous a amené à privilégier vos intérêts. Votre vie est jalonnée d'objectifs que vous cherchez à atteindre, parfois au détriment de votre communication et de votre bien-être en société. Vous aimez vous affirmer avec force et avez tendance à réagir avec méfiance, colère, ou indifférence aux manifestations émotionnelles.

Vous trouverez dans ces pages des pistes pour développer plus de douceur à votre égard, ainsi qu'écoute, empathie, confiance envers les autres.

Bonne exploration des chemins de la bienveillance, belle rencontre avec vous-même !

LE VOYAGE DES OISEAUX

Il était une fois quarante oiseaux qui partirent un jour pour un long voyage, en quête d'un roi, ou d'un dieu peut-être. Quelque chose dans leur cœur les faisait aller vers une montagne où vivait, disait-on, cet être qu'ils recherchaient.

Le chemin fut long. Ils connurent des aventures parfois inespérées, parfois éprouvantes, toujours inattendues. Ils parvinrent enfin à la cime de ce mont tant désiré. Ils n'y trouvèrent ni dieu ni roi. Seul un miroir les attendait…

PRENDRE SOIN DE SOI

Tout ce que l'on fait, c'est pour aller à la rencontre de ses besoins.

MARSHALL B. ROSENBERG

L'approche humaniste, fondée sur une vision positive de l'être humain, est née dans les années 1940 aux États-Unis, principalement sous l'impulsion des psychologues **Abraham Maslow** et **Carl Rogers**. Ce modèle de psychothérapie valorise la tendance innée de la personne à vouloir se réaliser, à satisfaire ses besoins et à mobiliser ses forces de croissance psychologique.

Satisfaire ses besoins essentiels

Abraham Maslow s'est intéressé aux besoins de l'homme et à ses potentialités. Il a élaboré une **théorie de la motivation**, selon laquelle l'homme cherche à satisfaire ses besoins dans un ordre hiérarchique, qu'il représente par sa célèbre **pyramide des besoins**.

À sa base se trouvent les **besoins physiologiques** (respirer, boire, manger, dormir, bouger, vivre sa sexualité…), à l'étage au-dessus les **besoins de sécurité** (au travail, en famille, en société), viennent ensuite les **besoins affectifs et d'appartenance** (amour, amitié, intimité…), puis les **besoins d'estime** (confiance, respect, estime de soi, reconnaissance…), enfin des **besoins d'accomplissement de soi** (apprendre, se développer, utiliser sa créativité et son potentiel, satisfaire ses valeurs, participer à l'évolution du monde…).

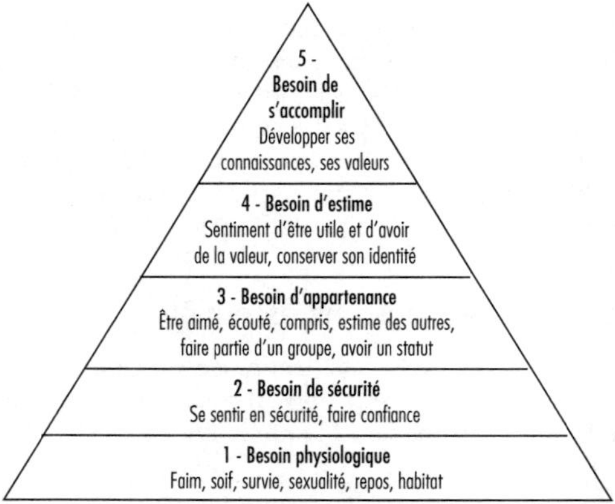

À l'aide de la pyramide de Maslow, faites le point et identifiez parmi vos besoins ceux qui sont satisfaits :

....

....

- **Quels sont ceux qui ne le sont pas ?**

....

....

- **Que pouvez-vous faire pour mieux prendre soin de vous ?**

....

....

Les travaux de Maslow ont été repris et complétés dans les années 1960 par le psychologue Marshall B. Rosenberg qui a créé une nouvelle approche afin d'encourager la paix, la bienveillance et la coopération la **Communication NonViolente (CNV).**

Selon l'acception de la CNV, le terme « besoin » désigne aussi bien ce qui est indispensable à notre vie que ce qui lui donne de la sécurité et du sens.

La reconnaissance de nos besoins est essentielle. Elle constitue un terrain sur lequel les êtres humains peuvent se comprendre et entrer dans le non-jugement. En effet, ces besoins sont universels et semblables chez tous. Ils s'expriment en termes positifs et n'impliquent pas l'autre : « J'ai faim », « J'ai soif », « J'ai besoin de sécurité », « J'ai besoin de repos », « J'ai besoin de reconnaissance » au lieu de : « J'ai besoin que tu… »

Nous reviendrons plus loin sur l'importance de ce message « Je » pour prendre la responsabilité de ce qui se passe pour soi, message d'apaisement parce qu'il ne remet pas en cause autrui.

Parmi nos différents besoins, nous allons voir que satisfaire nos besoins de sens et de reconnaissance favorise notre bien-être…

Le sens de la vie est la plus pressante des questions.

ALBERT CAMUS

La recherche de sens

Pendant longtemps, la vie allait de soi. Il suffisait de se plier aux coutumes, d'observer certains rites, de satisfaire les obligations dictées par les religions et les traditions. La question du **« sens de la vie »** est apparue au XIXe siècle avec la laïcité et la disparition de l'omniprésence de la loi divine.

Apprendre à se connaître, identifier les raisons et les modalités de son existence devient alors un enjeu important pour l'être humain, une nouvelle liberté de construction de soi. Cette notion de sens comporte des composantes distinctes, mais complémentaires : une **direction**, une **signification**, et une **dimension cognitive**.

L'aspect directif du sens

Avoir un but structure notre vie qui s'organise pour l'atteindre. Nous répondons à nos besoins en cherchant à respecter nos valeurs, organisons nos pensées et nos actions, exprimons nos forces et nos ressources. Nous avons le sentiment de vivre pleinement et de nous réaliser. En suivant cette trame de vie, nous ressentons des émotions agréables devant un tout unifié et cohérent.

L'aspect significatif du sens

Plus notre vie se déroule dans une direction, plus elle a de signification.

Nous devinons les rapports de cause à effet entre les différents évènements, nous percevons nos pensées, nos comportements comme logiques et ressentons apaisement et contentement. À l'inverse, l'impossibilité de donner du sens entraîne un mal-être, qui se manifeste par des troubles anxieux et dépressifs.

La dimension cognitive

C'est notre philosophie personnelle, la trame spirituelle de notre vie qui se nourrit de **rêves**, de **pensées**, de **croyances** et de **valeurs** à respecter.

Contrairement aux besoins qui sont universels (se nourrir, dormir, aimer…), les croyances et les valeurs se construisent au travers de l'éducation, des apprentissages et des rencontres de notre existence.

Les **croyances** sont des piliers sur lesquels nous construisons notre vie. C'est ce système de croyances sur nous, les autres et l'environnement qui donne sens à notre existence. Lorsque nous choisissons un restaurant, un thérapeute, une voiture, lorsque nous commentons un évènement ou racontons notre journée de travail, nous le faisons en fonction de nos croyances. Certaines d'entre elles sont limitantes et nous alimentent en stress. D'autres plus bienveillantes pour soi et les autres apportent du bien-être.

Les **valeurs** sont des idéaux que l'on se choisit pour soi-même. Elles renferment nos convictions sur ce qui est important pour nous, ce qui est bien ou mal, vrai ou faux, essentiel ou secondaire. Notre harmonie interne et notre cohérence dépendent de leur satisfaction. Elles sous-tendent nos motivations à agir et sont souvent au premier plan de nos combats ou de nos conflits quand elles ne sont pas respectées. Elles se nomment : amour, amitié, respect, justice, liberté, sécurité, fidélité, équité, générosité, bienveillance…

Et vous, quelles sont les valeurs qui donnent du sens à votre vie ?

………………………………………………………………………………………

………………………………………………………………………………………

Les paroles de bienveillance peuvent être brèves mais leur écho résonne à l'infini.

Mère Teresa

Se ressourcer grâce aux signes de reconnaissance

L'échange de signes de reconnaissance nous rend heureux et épanouis. Un signe de reconnaissance peut être physique ou verbal : un geste, un baiser, un regard, une parole, un bouquet de fleurs offert, un moment de partage… La reconnaissance est l'une de nos **soifs fondamentales**, comme l'air ou la nourriture. Si ce besoin n'est pas satisfait directement, le risque est d'avoir recours à la maladie ou au conflit pour recevoir notre dose de stimulation et éviter d'être confrontés au pire, l'indifférence ou le vide.

La reconnaissance peut être **positive** (compliment, caresse, cadeau, bonjour chaleureux, regard d'admiration…) ou **négative** (parole blessante, réprimande, coup, regard noir…). Elle peut également être **conditionnelle** (orientée vers la tâche et le faire) ou **inconditionnelle** (s'adressant alors à l'être).

L'idéal serait d'être nourris par des signes de reconnaissance positifs inconditionnels, comme un beau « Je t'aime ! » vibrant d'amour. La psychologie positive a découvert que pour favoriser notre bien-être, il nous fallait trois fois plus de positif que de négatif. Mais nous sommes malheureusement plus habitués à recevoir et à donner des signes de reconnaissance négatifs. Par exemple, on parle plus facilement des trains qui arrivent en retard que des trains qui arrivent à l'heure ! Et c'est bien dommage, car partager le positif favorise l'estime de soi, la motivation et l'épanouissement. Le maître bouddhiste Thich Nhât Hanh appelle cela « arroser les fleurs ».

Fleurs de vie

Repensez à votre journée d'hier. Était-ce une journée où vous vous êtes senti heureux et bien dans votre peau ? Non ? Peut-être n'y avez-vous pas reçu ou donné suffisamment de reconnaissance…

- Quels types de paroles, de gestes ou d'actes de reconnaissance sont venus « arroser vos fleurs » ?
- Que pouvez-vous faire de différent aujourd'hui ?

Le « carré magique » de la relation

Imaginez un carré, avec quatre espaces à occuper : l'espace du **donner**, celui du **recevoir**, l'espace de la **demande** et celui du **refus.** Pour soigner la relation avec l'autre, chacun doit savoir donner et recevoir au bon moment, demander et refuser à bon escient, dans une connexion cœur à cœur…

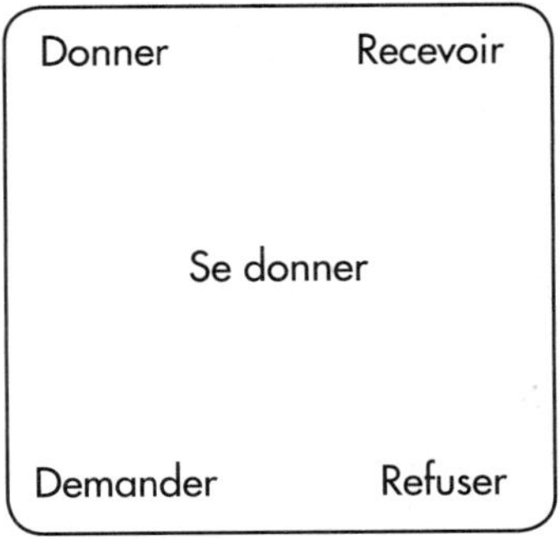

Comment vous situez-vous dans ce « carré magique » ?

- Savez-vous **donner** ? **Recevoir** ? **Demander** ? **Refuser** ? Mais aussi vous donner pour prendre soin de vos besoins ?

- Votre carré est-il bien équilibré ou avez-vous tendance à investir une zone plus que les autres ?
- Quels ajustements pouvez-vous apporter pour respecter l'autre, mais aussi vous-même ? Quelle permission pouvez-vous vous offrir ?

Je me disais : "Quelqu'un devrait faire quelque chose", et soudain, j'ai pensé que je pourrais être ce quelqu'un.

ANONYME

Lorsque l'on prend conscience d'un besoin non satisfait, cela nous permet, grâce à l'élaboration d'une demande, de trouver une issue à notre difficulté.

Formuler une demande

Apprendre à demander, c'est décider d'accepter l'aide des autres, lâcher le « tout faire tout seul » qui conduit parfois à l'épuisement, à l'insatisfaction ou à l'isolement. C'est prendre soin de vous en vous donnant le droit de satisfaire vos besoins, en vous accordant importance et reconnaissance. Mais demander, cela se prépare et s'argumente…

Préparez votre demande

Choisissez une demande que vous souhaitez formuler :

J'ai besoin de .... et je souhaite demander

....

Pour oser demander, posez-vous ces questions :

- Quels sont les risques à demander ?

....

- Que peut-il m'arriver de positif si je demande ?

....

- Quel besoin vais-je satisfaire ?

....

- À qui vais-je demander ?

....

- Quel est le meilleur moment pour formuler ma demande ?

....

- Je demande ....

....

Pensez à soigner la forme, le contact, à prendre le temps d'établir la relation.

Vérifiez que votre demande répond bien à ces critères : est-elle **précise**, **concrète**, exprimée en **termes positifs**, **réalisable**, et **laisse-t-elle le choix à l'autre** d'accepter ou de refuser ? Et s'il vous dit « non », souvenez-vous que ce n'est pas un rejet de vous-même, mais celui de votre demande. Et quel qu'en soit le résultat, félicitez-vous d'avoir demandé…

Lorsque vous dites « Oui » aux autres,
assurez-vous que vous ne dites pas
« Non » à vous-même.

PAULO COELHO

Oser dire « non »

Parfois, c'est vous qui recevez des demandes que vous aimeriez refuser. Mais difficile souvent de dire « non » à ceux que l'on aime !

Vous craignez peut-être de leur faire de la peine, de les décevoir ou de perdre leur amour. Cela vous renvoie à des messages reçus, à des croyances sur vous et les autres : « Il faut faire plaisir à tout le monde… », « Tu dois rendre service… », « Les autres d'abord et moi après… », « Surtout pas de vagues, ni de conflit ! ».

Et que se passe-t-il quand vous n'osez pas dire « non » ? Vous accumulez du ressentiment parce que vos besoins ne sont pas satisfaits. Et parfois vous ne pouvez pas tenir vos promesses ; l'autre est alors déçu, il s'énerve et c'est l'escalade.

Ne pas savoir dire non, c'est la porte ouverte au stress et à bien des conflits !

Les avantages à dire « non »

Quand vous dites « non », vos « oui » deviennent alors crédibles.

Si, à la requête d'une amie, vous répondez : « Je ne peux pas garder tes enfants ce week-end, mais ce sera avec plaisir pour celui d'après », les choses sont claires et elle va s'organiser pour trouver une autre solution. Elle sait que vous tiendrez parole par rapport à l'engagement à venir, car vous savez poser des limites en fonction de ce qui est possible et acceptable pour vous.

Savoir dire « non », c'est assurer votre protection, comme celle de l'autre, tout en donnant de la force à votre communication.

Mais surtout, **savoir dire « non », c'est se respecter, c'est connaître ses limites et ses besoins** : *« Je dis non parce que j'ai besoin de prendre du temps pour moi ce week-end pour me reposer. »*

Comment dire ce « non »

Souvent nous avons l'impression qu'en disant non à l'autre, nous allons le rejeter. Or il s'agit de **dire « non » à la demande et « oui » à la personne**.

Vous pouvez refuser sa requête, mais lui donner de l'attention et l'aider à trouver une autre solution à son problème.

Pour réussir à dire « non » à une prochaine demande, voici les étapes à respecter :

- J'écoute la demande de l'autre.
- Je prends le temps d'examiner si je veux dire « oui » ou « non », en identifiant mes contraintes en cours, mes envies et mes besoins.
- Je dis « non » à la demande et « oui » à la personne. Je la questionne sur ses besoins et l'aide à construire une solution de rechange.

Peut-être vous demandez-vous : « Mais pourquoi est-ce si difficile de demander, de dire"non"ou de m'affirmer sereinement en prenant soin de mes besoins ? » Pour obtenir la réponse à votre question, rendons visite à votre enfant intérieur…

Guérir les blessures de son enfant intérieur

La paix ne pourra venir que de toi-même.

Ralph Waldo Emerson

Nous sommes davantage habitués à prendre soin de notre douleur physique que de notre souffrance psychique (plus facile d'aller voir un médecin qu'un psy !) Nous avons alors tendance à la refouler plutôt qu'à l'écouter, à mettre un masque pour mieux la cacher.

Ce bloc de souffrance, mémoire de notre histoire, semble parfois atteindre notre énergie vitale et laisser place à un grand vide : vide d'amour, vide de sens, vide d'être…

Face à ce vide, la tentation est grande de demander à l'autre de le remplir en nous donnant de l'amour ; au monde matérialiste de le combler par plus d'avoir ; d'adopter des comportements nocifs pour nous anesthésier en travaillant dur, mangeant, buvant ou consommant trop pour faire taire ces remous intérieurs.

Ces blessures, tels des clignotants sur notre tableau de bord, nous indiquent pourtant la route à suivre : entrer dans l'énergie de la pleine conscience, celle qui réveille et unifie pour créer en nous la force d'accueillir, puis de libérer cette douleur. Arrêtons-nous quelques instants pour identifier cette souffrance, contacter nos ressources afin de guérir notre enfant intérieur[2].

Nous sommes nombreux à avoir ainsi un enfant blessé en nous. Une blessure venue du passé, causée par des douleurs émotionnelles vives ou par la répétition de petits chocs sur une longue période. Cette difficile rencontre avec l'autre a laissé des marques profondes, provoqué une modification psychique qui nous conduit parfois à adopter des pensées et des comportements inadaptés.

Lise Bourbeau[3] explique que ces blessures ont été créées par des sentiments de rejet, d'abandon, d'humiliation, de trahison, ou d'injustice. Elles ont un dénominateur commun : la **non-reconnaissance de qui nous sommes**. Pour nous défendre contre cette souffrance, nous avons mis en place des mécanismes de survie, des masques, croyant qu'ils nous protègent du pire…

La blessure de rejet

La blessure de rejet provient provenant des parents, de la fratrie, de figures d'autorité rencontrées, conduit l'enfant à se construire le **masque du fuyant** pour ne

2. En psychologie, cette notion créée par Carl Jung désigne la part enfantine d'un adulte.
3. *Les Cinq Blessures qui empêchent d'être soi-même*, Pocket, 2013.

pas être confronté à cette douleur du rejet et pouvoir continuer sa croissance.

Ce **mécanisme de défense de fuite** va lui jouer des tours, car il a l'impression de ne pas avoir le droit d'exister ni de prendre sa place, et d'être transparent.

Adulte, il rejoue sa blessure dans sa vie affective lors de difficultés relationnelles, dans un mal-être au travail lors de situations de harcèlement moral, de conflits, ou de chômage. Il se plaint de ne pas être écouté, reconnu, de manquer d'attention. Il peut aussi adopter un comportement opposé, devenir hyperactif, chercher à prendre toute la place, parler fort et envahir les autres.

Soigner cette blessure, c'est se donner les moyens de **prendre sa juste place** en s'affirmant de façon assertive, en faisant des demandes, en apprenant à dire « non » pour faire respecter ses besoins, ses valeurs, son territoire, en utilisant sa sensibilité et ses forces créatives pour s'exprimer, rassembler, se construire et s'épanouir…

La blessure d'abandon

La blessure de l'abandon s'est peut-être installée lors de la séparation avec la mère à la naissance, du sevrage, d'une reprise de travail, de la naissance d'un autre enfant, de la maladie ou du décès d'un proche, mais aussi lorsque les parents travaillent beaucoup et ont peu de temps à consacrer à leur enfant. Ces situations peuvent être vécues comme un abandon et l'amènent à se construire le **masque du dépendant**. Son comportement avec les autres est fusionnel parce qu'il a peur de la solitude. Il se perd dans les demandes et les besoins d'autrui, néglige les siens parce qu'il est vital d'éviter de se sentir à nouveau abandonné. À l'âge adulte, ces attitudes font fuir les autres qui se sentent étouffés, pris au piège dans une relation fusionnelle. Ou au contraire, il anticipe l'abandon et prend les devants en quittant famille ou responsabilités professionnelles.

Soigner cette blessure, c'est apprendre à sortir de la fusion en se donnant les moyens de satisfaire ses besoins pour se construire une vie autonome stimulante. C'est renoncer à un amour inconditionnel venu des autres pour enfin s'aimer soi…

La blessure de l'humiliation

La blessure de l'humiliation vient du sentiment de se sentir rabaissé par son entourage (famille, enseignants, copains de classe, voisins…) L'humiliation sous forme de critiques, de moqueries, d'insultes, de punitions offensantes conduisent l'enfant à ressentir de la culpabilité, une perte d'estime de soi et de la honte par rapport à lui-même. Il se critique intérieurement et, ne se faisant pas confiance, il sabote ses actions. Pour anesthésier sa souffrance, il prend le **masque du masochisme** et se punit en croyant punir l'autre.

Adulte, il baigne dans un sentiment d'infériorité, se positionne en victime, ou pour se venger, décide d'écraser les autres en adoptant la position de Persécuteur, affichant une supériorité qui cache en fait une mauvaise estime de soi.

Quand cette blessure est dépassée, il aura peut-être envie d'aider les autres victimes d'humiliation pour leur éviter la souffrance de ce cercle infernal.

La blessure de trahison

La blessure de trahison a pu être expérimentée lorsque les parents ne tiennent pas leurs promesses, mentent, abusent ou trahissent (inconsciemment ou non) la confiance de leur enfant. Un sentiment d'insécurité et de méfiance s'installe chez l'enfant. Il adopte le **masque du contrôlant** pour se protéger.

Adulte, il ressent une profonde insécurité envers la vie en général, et les autres en particulier. Il a du mal à fixer des repères parce qu'il a peu de sens critique et est souvent exploité en faisant trop confiance aux autres. Ou au contraire, il ne fait plus confiance à personne, peut même devenir paranoïaque en voyant des complots partout.

Quand la blessure est dépassée, en faisant la paix et en pardonnant à ceux qui l'ont trahi, il pourra rétablir des rapports authentiques avec les autres, des relations « vraies » et équilibrées.

La blessure d'injustice

La blessure d'injustice s'installe quand l'enfant ne se sent pas respecté dans ses droits à la maison, à l'école ou dans la société. Il adopte alors le **masque du rigide**, devenant « raide comme la justice », pour rester fort dans les épreuves et insensible aux remarques désobligeantes, aux critiques injustes, ou faire face à une sévérité abusive prodiguée par son entourage. Il recherche la perfection, il est très exigeant avec lui pour ne pas être jugé une nouvelle fois. Il s'efforce de contrôler au maximum ses émotions, mais aussi les situations afin d'éviter de perdre la face.

Adulte, il est souvent confronté dans son quotidien à des situations injustes, comme s'il les attirait inconsciemment. Il peut devenir procédurier et justicier, ou à l'inverse faire usage d'une autorité abusive en dictant sa loi, à la maison, au travail, dans un syndicat ou un parti politique.

Pour guérir sa blessure, il lui faut apprendre à pardonner, en acceptant avec bienveillance ses zones de fragilité et en se donnant le droit à l'erreur. Il œuvrera efficacement dans les métiers où la justice, l'ordre et la discipline sont importants, car il saura poser un cadre structuré protecteur.

Si tu veux guérir, souviens-toi, laisse
la souffrance monter. Reconnais la blessure.
Sois présent à elle et laisse-la t'enseigner.

PAUL FERRINI

Pour guérir nos blessures, il faut savoir nous porter une attention et une reconnaissance bienveillantes afin de libérer la souffrance et accéder à une réunification réparatrice.

Notre première étape sera d'identifier nos blessures et le masque de survie choisi, le plus judicieux sans doute que nous pouvions adopter petit enfant. Il est important de comprendre que ce masque était un mécanisme de défense mais qu'il ne fonctionne pas comme un mécanisme de protection.

Le **mécanisme de défense** est un moyen inconscient et instantané utilisé par le psychisme pour nous protéger de la souffrance en l'évitant. Le **mécanisme de protection**, en revanche, est un moyen conscient que l'on choisit librement d'utiliser pour accueillir l'émotion souffrante, l'entendre et assurer la satisfaction de ses besoins fondamentaux de respect, d'épanouissement et d'amour de soi en mobilisant ses ressources intérieures…

Reconnaître ses blessures passées

Imaginez votre arrivée au monde… Lors de votre naissance, avez-vous été accueilli, reconnu, fêté ? Comment s'est passée cette séparation originelle ? Qu'en dit-on dans la saga familiale ?

....

....

....

Puis dans votre enfance et votre adolescence, quelles autres blessures avez-vous vécues ? Quels traumatismes et sentiments douloureux avez-vous rencontrés (rejet, abandon, injustice, humiliation, trahison, maltraitance, non-reconnaissance…) ?

....

....

....

Mettez des mots sur ces dommages encore enfouis et que votre corps traduit souvent en maux, en comportements toxiques, ou en échecs sentimentaux ou professionnels…

....

....

Y a-t-il en vous une graine d'être, un enfant qui attend de vous bienveillance, auto-compassion et amour inconditionnel ? Et si vous alliez maintenant à sa rencontre ?

Dialoguer avec son enfant intérieur

« Sois la personne dont tu avais besoin lorsque tu étais enfant... » Comment résonne en vous cette phrase ? Quel écho ces mots éveillent-ils ?

Entrez en contact avec votre enfant intérieur. Prenez le temps d'identifier ses émotions, ses souffrances, ses besoins et ses attentes...

Écrivez ici tout ce qui vous vient à l'esprit : vos ressentis, les mots longtemps ensevelis, des images...

....

....

....

....

....

Si, jadis, vous aviez besoin de présence, d'attention, d'écoute, de tendresse, de justice, êtes-vous aujourd'hui cette personne dont votre enfant intérieur a besoin ? Êtes-vous prêt à devenir un bon parent pour vous-même ?

L'OR DES BLESSURES

Au Japon, il existe un art appelé le *kintsugi* qui consiste à réparer les poteries cassées avec de l'or. Au lieu d'essayer de cacher les cicatrices de l'objet, le but du *kintsugi* est de les mettre en avant pour montrer qu'elles font partie de son histoire, et qu'elles peuvent le rendre encore plus résistant et plus beau.

À l'image du *kintsugi*, imaginez que vos fêlures de souffrance vous ouvrent le cœur et l'âme pour laisser passer la lumière d'un devenir encore plus riche…

Accueillir ses émotions

L'émotion est ce moment où l'acier
rencontre une pierre et en fait jaillir
une étincelle car l'émotion est la source
principale de toute prise de conscience.

CARL GUSTAV JUNG

Les émotions sont des messagères précieuses, à mi-chemin entre le corps et la raison. Elles vous parlent de vous : de vos besoins, de vos manques et de vos systèmes de défense. Elles jouent un rôle précieux pour votre équilibre, en vous alertant et en vous indiquant la direction à prendre.

Elles sont ce mouvement de vie, fait d'alternance d'ombre et de lumière, de joie et de tristesse, de colère et de sérénité, de peur et de courage. Comme des vagues qui s'élèvent et redescendent, infiniment...

Accepter cette énergie mouvante, cette impermanence émotionnelle, c'est faire le premier pas pour gérer ces turbulences, en sachant que rien n'est immuable. Et qu'après la peur, le chagrin ou le ressentiment, viendra le temps de la paix, de la joie et de la gratitude !

Accueillir ses émotions comme des alliées, les écouter pour entendre leur message, leur porter une attention bienveillante afin de mobiliser ses aptitudes pour agir... Autant d'étapes nécessaires pour les apprivoiser ! Elles pourront alors jouer un rôle précieux pour votre santé en vous servant de boussole, en indiquant quelle direction prendre pour satisfaire vos besoins vitaux et comment mieux communiquer avec votre entourage. Car elles sont aussi un système de communication pour « vous dire » aux autres.

Six précieuses messagères

Paul Ekman, anthropologue et psychologue américain, a répertorié auprès de quinze cultures différentes six émotions de base, appelées **« émotions primaires »** : la peur, la colère, la tristesse, le dégoût, la surprise, la joie.

- **La peur** aiguise les sens et mobilise notre cerveau en état d'urgence. Tout est en place pour fuir ou attaquer selon le vieux réflexe de survie. Elle nous permet aussi d'anticiper, de nous préparer et d'assurer notre protection.
- **La colère** est la réaction saine à l'injustice, au dommage, à l'obstacle et à la frustration. Grâce à l'apport d'adrénaline, l'énergie circule dans nos veines. Nous pouvons alors défendre nos droits et faire respecter le maintien de nos frontières corporelles, psychologiques ou sociales. La colère permet la confrontation positive à l'autre ; elle est différente de la violence qui est prise de pouvoir sur l'autre.
- **La tristesse** accompagne la perte, le vide, le manque et le deuil. Elle nous invite à utiliser notre espace intérieur pour prendre soin de nous, pleurer un être cher disparu par exemple et faire le travail de cicatrisation.
- Attention à ne pas confondre « tristesse » et « dépression ». Les larmes de la tristesse et du chagrin libèrent, celles de la dépression nous enferment dans une spirale négative.
- **Le dégoût** est un mouvement de répulsion qui nous évite l'empoisonnement au niveau alimentaire, et nous permet de nous tenir à l'écart au niveau psychique.

- **La surprise** permet de gérer les changements imprévus et inopinés.
- **La joie** favorise l'harmonie. Grâce à elle, les tensions s'apaisent, une sensation de bien-être et de plénitude circule dans notre corps.

Une émotion est authentique, appropriée et positive, quand elle s'exprime de façon adéquate face à la situation et que vous mettez en place l'action correspondante.

Ne regardez pas en arrière avec colère,
ni devant avec crainte, mais autour de
vous avec conscience.

JAMES THURBER

Zoom sur vos émotions

Repensez à un épisode émotionnel récent.

- Que vous apprend-il sur vous ?

....

....

- Avez-vous l'impression d'avoir mis en place la bonne stratégie émotionnelle ?

....

....

• Qu'auriez-vous pu faire différemment ?

....

....

Identifier ses émotions

Une étude, menée par l'université du Michigan, révèle que les personnes dépressives ont du mal à identifier leurs **émotions négatives ou désagréables**, telles que la tristesse, la frustration, la colère ou la culpabilité.

Elle confirme aussi que savoir identifier et accueillir ses émotions constitue un véritable atout pour faire des choix constructifs et avoir une vie plus équilibrée. À vous d'accueillir avec bienveillance votre ressenti…

À la rencontre de vos émotions

Installez-vous confortablement et entrez en contact avec votre corps…

Prenez conscience des zones tendues et entrez en contact avec l'émotion qui y est contenue… Ressentez-la et restez en contact avec ce qui se passe…

Dirigez votre attention sur cette expérience intérieure, accueillez les sensations qui viennent…

Laissez faire… Mettez des mots sur ce ressenti : « Je sens une boule dans la gorge », « Ma poitrine se serre », « J'ai la peur au ventre », « Je me sens rouge de colère »…

Prenez ensuite quelques instants pour ressentir les effets de l'émotion…

Puis dirigez votre attention sur votre respiration, respirez l'air frais qui entre dans vos narines et l'air chaud qui en ressort…

Restez en contact avec votre corps, et laissez la vague de l'émotion redescendre…

Comment vous sentez-vous maintenant ?

Sortir des pièges émotionnels

Peut-être n'êtes-vous pas pleinement satisfait de la gestion de vos émotions. Parfois, elles vous envahissent et vous jouent des tours. Votre cerveau limbique inonde d'informations émotionnelles votre cortex, siège de la raison et de l'intellect, qui peine à calmer la peur, la colère ou vos affects indésirables.

Identifier les émotions interdites

Sur le chemin de vie, les émotions se perdent, s'enfouissent, se déplacent et parfois ressurgissent. Elles vous submergent comme si vous n'aviez plus aucune maîtrise sur elles et deviennent inadaptées.

Parfois, dans les familles, certaines émotions sont acceptées alors que d'autres sont considérées hors la loi. Pour recevoir l'attention, la reconnaissance et l'estime dont il a besoin pour grandir, l'enfant apprend à cacher cette émotion désavouée qui ne lui vaut que des désagréments, et montre à la place une émotion autorisée. Un **racket émotionnel** s'installe alors.

Le mécanisme du racket

On parle de racket émotionnel quand **une émotion se cache à l'intérieur d'une autre émotion**, à la manière d'une poupée russe. Comme une poupée russe, une émotion apparente en cache une autre à l'intérieur. Par exemple, vous ressentez de la colère, mais ne pouvant l'exprimer, vous montrez de la tristesse.

Pour comprendre ce fonctionnement, imaginons le scénario d'un film sur la mafia. Un commerçant va inaugurer son restaurant et deux costauds viennent le voir pour proposer leur protection. Le restaurateur refuse. Quelques jours plus tard, un incendie se déclare. Il doit alors payer pour avoir une fausse protection.

Il est victime d'un racket. Pour assurer votre survie psychologique, vous agissez de même avec vos émotions !

Les conséquences de ce racket

Cet interdit émotionnel conduit à des réactions disproportionnées ou décalées par rapport aux situations de la vie, tels que des malaises, des blocages corporels, des conflits ou des quiproquos. Lorsque vous exprimez une émotion authentique, les tensions internes sont libérées. Dans le racket, la charge émotionnelle reste en place puisque ce n'est pas l'émotion appropriée qui est manifestée !

Retrouvez votre liberté émotionnelle

Comment votre entourage réagissait-il quand, enfant, vous manifestiez de la colère ? De la tristesse ? De la peur ? De la joie ?

....

....

Parmi ces émotions, y en a-t-il une qui vous est plus familière que les autres ? Ou, au contraire, y a-t-il une émotion que vous ne vous autorisez pas ?

....

....

Quelle permission pouvez-vous vous offrir pour libérer vos émotions captives ?

....

....

Et si c'est la joie qui est hors la loi dans votre vie, à vous de jouer pour la faire rayonner…

Faire place à la joie !

Que j'apprenne à me nourrir de joie chaque jour.

THICH NHÂT HANH

Quand nous avançons sur notre chemin de vie, la joie est là, à chacun de nos pas : rencontre avec un être aimé, moment de jeu avec des enfants, de rire avec des amis, instant cosmique la tête dans les étoiles une nuit d'été, temps de danse ou de chant, réussite inespérée ou attendue… Elle irradie sous de multiples formes, couleurs et intensités : contentement, gaieté, bonne humeur, plaisir, jubilation, rire, allégresse, euphorie, béatitude… Elle est cette émotion qui nous saisit tout entiers dans un mouvement d'amour de la vie.

Reste à savoir la voir, l'accueillir avec bienveillance, parfois aller à sa rencontre. Car si la joie est à la portée de tous, elle est fragile, malmenée aussi bien par le monde extérieur que par notre univers intérieur (par nos humeurs, nos croyances, nos attitudes, nos comportements parfois défaitistes…)

L'utilité de la joie

Si la joie est une **émotion fugace et impermanente**, elle est aussi un **état d'être**, celui de la joie de vivre. Associée au désir, au plaisir, à la réussite, à l'épanouissement, elle est cette **fête** du corps, du cœur, de l'âme, qui **donne sens** à votre vie et vous confirme dans votre **sentiment d'identité**. Vous êtes la bonne personne, au bon endroit, au bon moment !

Elle est l'**énergie du bien-être**, cette **force de vie** qui donne du ressort à vos actes, fait briller vos yeux et illumine votre être tout entier. Les battements de votre cœur se font plus profonds, une agréable chaleur vous envahit, les tensions s'apaisent, une sensation de plénitude et d'expansion circule dans votre corps…

La joie, un cercle vertueux

Si la joie résulte de circonstances positives, elle donne aussi naissance à des situations positives. Elle est à la fois source et ressource, précieuse et abordable, présente dans le passé, le présent et dans l'avenir, dans votre vie personnelle et professionnelle.

La joie est bénéfique pour vous, comme pour les autres :

- Elle diminue les hormones du stress dans le corps, chasse les idées noires, renforce l'immunité par la production de sérotonine et d'endorphines, ces deux hormones dites de la bonne humeur, mais aussi d'ocytocines lors des partages conviviaux.
- Elle est source d'énergie, de puissance, d'enthousiasme, d'audace, de tonus, de persévérance, d'entrain et de vivacité.
- Elle insuffle passion, motivation, convivialité et engagement. Elle permet de relever des défis inédits.
- Elle ouvre ou éclaire de nouveaux horizons créatifs, fait tomber des barrières, donne envie d'essayer d'autres pistes.
- Elle crée un climat positif et optimiste. Elle renforce la confiance en soi, permet de prendre les choses du bon côté et de positiver en transformant les expériences en apprentissages.

Les deux chemins

Pour ressentir cette joie douce et profonde qui fait vibrer votre être dans ce mouvement de vie, choisissez d'explorer ces deux chemins :

- **Allez vers vous** pour ressentir la joie de la libération en obtenant des réponses à ces questions : « Qui suis-je ? », « D'où viens-je ? », « Où vais-je ? », « Quelle est ma place ? » ;
- **Allez vers les autres** pour vous relier et vous sentir appartenir au vivant, vous accorder au monde et explorer la joie de la communication.

Pour lui donner pleinement place dans votre vie, préparez l'humus où elle va pouvoir s'épanouir : l'attention qui vous relie à vos sens, la reconnexion avec votre corps, la présence et l'accueil généreux de ce qui vous entoure, la confiance dans l'ouverture du cœur, le lâcher-prise, la persévérance, la gratitude…

L'ouverture à la joie

Repensez à la dernière fois où vous avez été joyeux. Est-ce que vous avez laissé l'émotion vous envahir ou avez-vous eu l'impression de lutter contre elle ?

....

....

....

Observez également vos réactions face à la joie des enfants qui vous entourent. Avez-vous tendance à vouloir les calmer pour apaiser le bruit et l'agitation ? Ou aimez-vous partager ce moment ludique ?

....

....

Face à la joie, que vous dites-vous sur vous-même, les autres ou le monde ?

....

....

Quelle permission avez-vous envie de vous offrir pour la faire rayonner davantage en vous et autour de vous ?

....

....

L'univers est né de la joie. Trouvez cette
joie d'où jaillit le monde.

Mâ Ananda Mayî

PARTIE 2 – ÊTRE DANS LA BIENVEILLANCE AVEC LES AUTRES

Pour favoriser le bonheur d'autrui, mais également le nôtre, rien de tel que de s'investir dans les relations sociales en y développant des attitudes bienveillantes. L'histoire d'Ubuntu vient nous rappeler notre interdépendance et notre besoin des autres, car nous ne pouvons être humains tout seuls…

UBUNTU

Un anthropologue a proposé un jeu aux enfants d'une tribu africaine. Il a mis un panier de fruits près d'un arbre et dit aux enfants que le premier arrivé gagnait tous les fruits.

Au signal, tous les enfants se sont élancés en même temps… en se donnant la main ! Puis ils se sont assis ensemble pour profiter de leur récompense.

Lorsque l'anthropologue leur a demandé pourquoi ils avaient agi ainsi alors que l'un d'entre eux aurait pu avoir tous les fruits, ils ont répondu :

– Ubuntu. Comment l'un d'entre nous peut-il être heureux si tous les autres sont tristes ?

Ubuntu dans la culture xhosa signifie : « **Je suis parce que nous sommes.** »

Notre singularité en tant qu'individu ne peut être révélée que si quelqu'un sait la voir, l'accueillir avec empathie pour la faire rayonner dans une communication positive et pacifiée…

COMMUNIQUER SANS VIOLENCE

La non-violence, sous sa forme active, consiste en une bienveillance envers tout ce qui existe. C'est de l'amour pur.

Gandhi

La non-violence vous évoque sans doute Gandhi, qui l'a théorisée et pratiquée dans un contexte politique. Cette notion de non-violence a été reprise par des thérapeutes dans les années 1960, en particulier par Marshall B. Rosenberg qui s'est inspiré de la philosophie de Gandhi, ainsi que des travaux sur l'empathie de l'américain Carl Rogers (dont il a été l'élève), pour créer une approche originale : la Communication NonViolente (CNV). Il eut l'occasion de tester l'efficacité de sa méthode auprès de diverses communautés américaines (école, institutions publiques) en prise aux conflits raciaux et socio-économiques de l'époque.

Le succès rencontré l'amena à créer le *Center for Non-Violent Communication* au Texas, où il anima de nombreux séminaires pour faire découvrir au grand public cette nouvelle « langue bienveillante » qui permet de communiquer avec efficacité dans les relations personnelles, familiales ou professionnelles. Il utilisait la métaphore du chacal et de la girafe pour illustrer deux manières de communiquer. Le **langage chacal** est fait de violence, de jeux de pouvoir, de critiques, de manipulations, de jugements négatifs. Celui de la **girafe** est le langage bienveillant du cœur. Grâce à son long cou, elle élève sa vision, ce qui lui donne la possibilité de prévoir l'effet de ses actions à plus long terme. Elle sait s'affirmer dans le respect de l'autre avec honnêteté et empathie. Un langage girafe qui permet de prévenir ou désamorcer les conflits, et de transformer les désaccords en simples dialogues.

La CNV joue la carte de l'ouverture et de la bienveillance. Elle favorise pour soi l'auto-empathie, l'observation factuelle des situations, l'expression authentique de ses sentiments et de ses besoins, ainsi que la formulation d'une demande. Elle permet d'accueillir l'autre et de l'écouter avec empathie, afin de trouver ensemble une solution respectueuse des besoins de chacun.

Regardez ce schéma et vérifiez où vous en êtes dans cette double écoute.

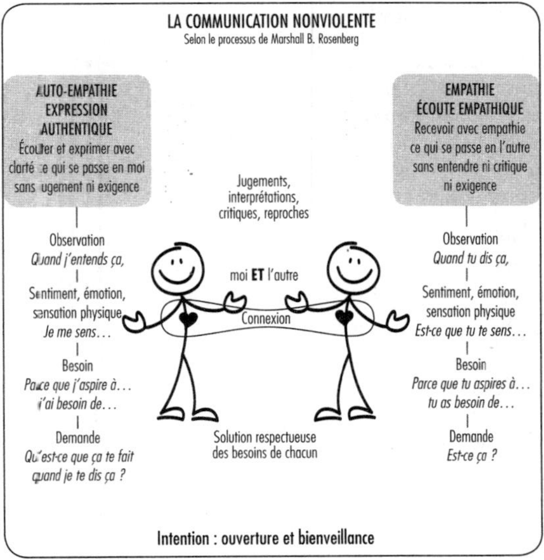

Toute violence émane d'un mode
de pensée qui attribue la cause du conflit
à l'adversaire.

MARSHALL B. ROSENBERG

La CNV, mode d'emploi

Quand surgit un problème relationnel, dans un couple par exemple, les partenaires se plaignent souvent d'un manque de communication. En réalité, ce qu'on appelle « communication » est plus fréquemment un rapport de force, un bras de fer où l'un doit « perdre » ou capituler pour que l'autre gagne.

L'objectif principal de la Communication NonViolente est d'arriver à exprimer ses besoins sans blesser l'autre, en observant ces quatre règles simples du « bien-dire » :

- **Observer les faits objectivement et sans jugement** : par exemple, la chambre de votre fils est en désordre, ou votre conjoint rentre tard sans vous prévenir. Cela veut dire refuser les jugements de paresse pour l'un, de non-respect pour l'autre.
- **Reconnaître les sentiments qu'éveille cette situation.** De la colère devant le désordre ; de la tristesse face à l'oubli ? Au lieu d'exprimer ce que vous ressentez avec le message « Tu » : « Tu m'agaces quand tu ne ranges pas ta chambre », qui va sans doute générer en retour de l'agressivité, utilisez le message « Je », qui permet de prendre la responsabilité de ce qui se passe pour vous, sans attaquer l'autre. Face au retard, vous allez pouvoir dire : « Je m'inquiète quand tu ne me préviens pas », et l'autre peut alors donner sa position sans avoir besoin de se défendre.

- **Exprimer les besoins liés à ces sentiments.** Pour la chambre, un besoin d'ordre et de propreté ; pour le retard, le besoin d'être rassuré. Pas si facile, car nous nous heurtons là à un tabou de notre société, aussi bien pour l'expression des émotions que des besoins. Parler de soi en disant « Je » est souvent considéré comme inconvenant, égoïste et narcissique, alors que cela permet un échange vrai, vivant et positif.
- **Formuler une demande concrète et réalisable** pour satisfaire vos besoins, les vôtres et ceux de l'autre. C'est fréquemment une étape de négociation quand les besoins divergent, où l'on va utiliser l'empathie, la reformulation, et là encore énoncer des faits plutôt que des jugements.

Un exemple concret

Pour expliciter ces propos, voici un exemple décliné en versions chacal et girafe. La scène se passe un vendredi soir après une semaine de travail. Madame est en forme et monsieur rentre fatigué. Commençons par la version chacal…

Elle : Bonsoir chéri, ça va ?

Lui : Enfin le week-end ! Je suis crevé ! En plus, demain, j'ai un match de foot !

Elle : Encore ! C'est tous les week-ends maintenant ! Marre du foot !

Lui : Je me suis engagé, je ne peux pas annuler !

Elle : Une fois de plus, on va se cloîtrer à la maison. Tu vas vouloir aller te coucher tôt, alors que moi j'ai envie d'aller au resto et au ciné !

Lui : Mais c'est toi qui m'as poussé à refaire du sport !

Elle : Là tu exagères ! Sous prétexte que tu fais du sport, soit tu dors, soit tu n'es pas là ! On ne fait plus rien ensemble !

Lui : Quand je t'entends râler, je n'ai plus qu'une envie, aller roupiller !

DÉCRYPTAGE DE LA SÉQUENCE

D'entrée de jeu, elle lui fait un reproche et il se met sur la défensive. Elle utilise son énergie « contre l'autre » et « non pour elle », et lui se justifie. À la fin de la séquence, elle a créé ce qu'elle craignait, il va se coucher !

Allez, on recommence, version CNV !

Elle : Bonsoir chéri, ça va ?

Lui : Enfin le week-end ! Je suis crevé ! En plus, demain, j'ai un match de foot !

Elle : Tu es fatigué et tu as besoin d'être en forme demain, j'imagine ?

Lui : Oui, on joue contre une sacrée équipe et j'ai envie d'être à la hauteur ! Et toi, comment s'est passée ta journée ?

Elle : L'ambiance n'est pas terrible au boulot ! Le boss nous met une sacrée pression. J'ai envie de me changer les idées ! Si on sortait ?

Lui (hésitant) : Je me lève tôt demain et il faut que je dorme bien ; ça m'ennuie de te dire cela, car je sais que tu as envie de bouger…

Elle : Il fait un temps superbe ! Et si on allait faire le tour du lac près de chez nous. On se promène, on s'aère, toi tu te prépares physiquement pour demain. Et on prend au passage une pizza pour le dîner !

Lui : C'est une bonne idée ! Allons-y…

DÉCRYPTAGE DE LA SÉQUENCE

Elle accueille le vécu, le besoin de l'autre, et d'emblée, il est plus ouvert. Elle utilise ensuite son énergie « pour elle » et non « contre l'autre », elle exprime son besoin et fait une demande. Quant à lui, il écoute ses besoins et reconnaît ceux de sa femme. Résultat, ils ont trouvé une solution qui convient à tous les deux...

À vous de dire !

Pensez à une situation conflictuelle et à quelque chose que vous aimeriez partager... Exprimez-vous en complétant les phrases :

- Lorsque je vois (ou j'entends) ....
- Je me sens ....
- Parce que j'ai besoin de ....
- Et je te demande de ....

Vivement une prochaine discussion pour vous familiariser avec cette méthode du « parler juste » ! C'est également un outil efficace pour mieux communiquer avec les enfants...

UTILISER LA BIENVEILLANCE AVEC LES ENFANTS

Quand l'adulte transmet à l'enfant des valeurs, des repères, lui montre le chemin en prenant le temps nécessaire pour l'écouter, le comprendre, dans une attitude aimante et bienveillante, le cerveau affectif et cognitif se développe de façon optimale et l'enfant s'épanouit, il est empathique, sociable et entreprenant.

CATHERINE GUEGUEN

56 % des parents[1] vivent la parentalité comme un rôle ardu à jouer. Au cœur de ces journées qui s'enchaînent sans répit, il se disent souvent perdus entre ces deux extrêmes que sont l'**autoritarisme** et le **laxisme**. Ils ressentent le besoin de trouver des outils relationnels, des alternatives aux méthodes éducatives traditionnelles

1. Selon un sondage IPSOS, 2011.

et aimeraient se doter de nouvelles compétences pour avoir une vie de famille sereine et joyeuse. Ils rêvent d'avoir un enfant épanoui à la fois **ancré dans son identité** et **ouvert au monde**. Un enfant qui se développe à son rythme, selon ses besoins, en se faisant confiance, en lâchant la peur d'avancer, comme celle de faire des erreurs. Qui se sente libre de vivre et d'exprimer toute une palette d'émotions, sans qu'on lui intime d'arrêter de pleurer ou de se calmer. Qui peut déployer son potentiel et le faire rayonner, à la maison comme à l'école.

Sociable, il est alors heureux de rencontrer les autres, de communiquer positivement en étant solidaire et coopératif. Et si, pour réussir ce challenge éducatif, nous faisions le choix de la bienveillance ?

La parentalité bienveillante

La vraie éducation est une tâche mutuelle qui exige de la patience, de la considération et de la bienveillance.

Jiddu Krishnamurti

Depuis une quinzaine d'années, l'éducation bienveillante[2] (appelée aussi éducation positive) a le vent en poupe. Elle s'appuie sur le principe que l'enfant n'est pas un adulte en miniature sur lequel exercer une autorité hiérarchique, en imaginant avoir tous les droits. Il est un **être à part entière, en construction**, à observer sans jugement, à écouter avec empathie, afin de respecter ses besoins en termes d'affection et de sécurité. À accompagner et à soutenir dans ces émotions légitimes qui le traversent, parfois submergent son corps et son cerveau immature. Mais il convient aussi de lâcher prise en acceptant son désir d'autonomie, ses élans du cœur, tout en sachant poser un cadre, des règles nécessaires à son bon développement, à son épanouissement et à son intégration dans la société.

Facile à dire, moins facile à faire quand votre enfant arrache les cheveux de sa sœur ou tire la queue du chat avec un tournevis lorsque vous êtes au téléphone, renverse **encore** son verre de jus de fruits sur le sol immaculé quand vos invités sonnent à la porte… Et vous voilà transformés en un clin d'œil en horrible mégère écumante ou en Père Fouettard !

2. Mon ouvrage *Parents zen et enfants épanouis. Les bienfaits de la parentalité bienveillante*, paru chez ESF en 2017, développe les outils présentés dans ce chapitre.

Être un parent positif, avec des attitudes et un langage bienveillants, cela s'apprend, se cultive, demande patience et persévérance, comme l'apprentissage d'une langue étrangère ! Repensez à vos débuts au volant ou sur votre ordinateur. Retrouvez ce que vous avez ressenti… Peut-être de la panique, un sentiment d'impuissance ou celui de ne pas être à la hauteur, de la mauvaise humeur ou de l'exaspération… Si une machine peut déclencher une telle tempête émotionnelle, il est normal que votre bout de chou, livré sans mode d'emploi, vous désarçonne ! Souvenez-vous, la bienveillance, cela commence avec vous. En vous donnant le droit à l'erreur et au cheminement pas à pas…

Éduquer est un processus qui s'inscrit dans le temps : prenons-nous toujours le temps des apprentissages ?

Jane Nelsen

Créer un environnement bienveillant

Pour permettre à l'enfant d'exprimer son potentiel, nous avons la responsabilité de lui offrir les conditions qui lui offrent le meilleur et lui évitent le pire.

Pour cela, nous pouvons choisir :

- De lui fournir un amour inconditionnel et une présence attentive.

- D'éviter le jugement, la dévalorisation, la compétition et les comparaisons qui installent un rapport de force. Mettez au contraire en place un rapport de coopération qui fait de votre enfant votre partenaire. Cherchez à le responsabiliser en développant son autonomie, son libre arbitre et son potentiel. Ce qui va à son tour le motiver à pratiquer le soutien mutuel, l'entraide, car son sentiment d'appartenance familiale est renforcé par ce climat de respect.
- D'installer une routine claire, un cadre rassurant et protecteur avec des règles simples montrant le cap à suivre et les frontières à respecter.
- De l'inviter à explorer liberté, plaisir et autonomie par des activités enrichissantes et des jeux stimulants.

Le modèle de la parentalité bienveillante

Pour favoriser le développement psychomoteur de votre enfant et son épanouissement, votre mission de parent bienveillant va vous amener à :

- **Faire le point sur votre histoire** en identifiant les blessures d'enfance à guérir, le modèle d'éducation reçue, et choisir le type de parentalité que vous avez envie de pratiquer.
- **Connaître et respecter les besoins fondamentaux** de votre enfant. Être conscient que chaque

comportement a une cause, une origine en lien avec ses besoins.

- **Vous intéresser aux étapes de son développement**, afin d'adapter vos attentes et vos exigences à ses compétences.
- **Prendre conscience de sa vulnérabilité** face au stress et de la fragilité de son cerveau en construction.
- **Poser efficacement les règles et les consignes de vie**. Remplacer punitions, chantage, menaces et châtiments corporels par des alternatives respectueuses.
- **Repérer l'impact** (positif ou négatif) que peuvent avoir les mots, les attitudes ou les « étiquettes » que nous leur collons.
- **Accueillir avec bienveillance tous les sentiments et émotions**, y compris ceux qui peuvent déranger, comme la peur, la colère, la jalousie. Votre enfant est submergé par de véritables tempêtes émotionnelles que son cerveau immature n'est pas en capacité de gérer. Il a besoin d'une présence et d'une attitude affectueuse pour se calmer et permettre à son cerveau de se développer harmonieusement.
- **Cultiver la joie de vivre** et favoriser les molécules du bien-être par les moments complices, le rire, le jeu, les câlins…

- **Apprendre à mieux communiquer**, en l'écoutant « vraiment » et en développant l'empathie et l'auto-empathie.
- **Chercher à développer au quotidien l'autonomie**, la confiance et de l'estime de soi de votre enfant.
- **Établir une relation basée sur la confiance** plutôt que sur les rapports de force. La véritable autorité est celle que comprend et accepte l'enfant.
- **Apprendre à trouver « ensemble » des solutions** aux conflits « parent-enfant ». Gérer les disputes dans la fratrie en utilisant en particulier les outils de la Communication NonViolente.
- **Favoriser la réussite scolaire, l'épanouissement relationnel et social** en découvrant le potentiel de votre enfant, ses canaux d'apprentissage et ses différentes formes d'intelligence.
- **Prendre soin de vous, de votre couple au quotidien**. Car pour faire un enfant épanoui, rien de tel que des parents zen et bien dans leur peau, qui peuvent alors lui servir de modèles.

Nous sommes les coffres à outils
de nos enfants et, que nous le voulions ou non,
nos enfants s'approprient nos façons de réagir.

Anaëlle Sanzey

En lisant cette liste, peut-être vous êtes-vous dit que vous étiez un parent imparfait ? Normal, puisqu'un parent parfait, cela n'existe pas !

À vous de choisir votre axe d'amélioration pour savourer encore plus cette belle aventure de la parentalité…

En route pour le changement !

Regardez cette liste du modèle de la parentalité bienveillante, et identifiez…

- Les « savoir-faire » et « savoir-être » que vous utilisez déjà :

♥ ……………………………………………………………………

♥ ……………………………………………………………………

♥ ……………………………………………………………………

- Les compétences que vous avez envie de développer :

♥ ……………………………………………………………………

♥ ……………………………………………………………………

♥ ……………………………………………………………………

Réjouissez-vous, car dans cette mission, vous allez donner le meilleur de vous-même, mais aussi **vous épanouir** et **grandir !** En effet, élever un enfant, c'est

« s'élever » non seulement comme parent, mais également en tant qu'être humain.

D'autres défis éducatifs positifs sont également à relever dans le système scolaire.

Pour une école bienveillante

Transmettre, ce n'est pas remplir un vase, c'est allumer un feu.

MONTAIGNE

L'éducation porte sur l'avenir. Elle doit permettre aux enfants d'acquérir *le goût d'apprendre,* mais aussi de développer **une plus grande résilience** pour qu'ils soient capables de résoudre les problèmes auxquels ils seront confrontés dans leur vie. Si la bienveillance a sa place à l'école maternelle, elle a encore du mal à s'incarner dans les étapes ultérieures du parcours scolaire en France, bien loin du modèle danois qui a inscrit au programme des cours d'empathie et de gentillesse !

Nous aurions pourtant beaucoup à gagner à mettre l'épanouissement de l'enfant au cœur du système éducatif, quand on constate l'augmentation des troubles anxieux et dépressifs chez l'enfant et l'adolescent, mal-être qui génère à son tour des difficultés d'apprentissage et relationnelles…

Le débat sur la bienveillance

La circulaire de rentrée 2014 adressée par la ministre Najat Vallaud-Belkacem à l'ensemble des personnels de l'Éducation nationale pose ainsi le principe d'une *« école de la République* [qui] *doit faire preuve de bienveillance »*, *« développer une politique de bien-être à l'école »* et mettre en œuvre une *« évaluation positive »*. Circulaire qui a fait débat, car certains ont eu l'impression que l'école serait alors moins exigeante et que l'élève serait au centre de l'attention au détriment des savoirs. Pourtant, dans sa forme active, celle de l'engagement et de l'attention envers l'élève, la bienveillance ne fait pas le lit de la complaisance. Elle recherche au contraire une qualité de présence, dans les mots choisis, mais aussi dans la voix et la posture. Elle propose un comportement et un regard qui s'adaptent aux besoins psychiques et cognitifs de l'élève, une qualité de relation qui vise à ne pas le blesser en étant attentif à ce qu'il peut ressentir, en respectant ses références culturelles. Elle s'exprime dans les retours positifs et encourageants qui visent à soutenir sa motivation, la confiance en ses capacités. Elle n'évalue pas l'élève, mais son travail.

Les sciences cognitives ont démontré l'importance de la qualité des relations et de la dimension affective dans l'apprentissage. Le jeune élève apprend pour quelqu'un : un professeur, ses parents… On se souvient tous d'un enseignant bienveillant qui nous a particulièrement marqués en transmettant sa passion pour une matière, en allumant en nous le feu du désir d'apprendre.

La bienveillance à l'école est génératrice de réussite en améliorant l'ambiance et en créant des conditions propices à l'épanouissement, aux progrès et à la réalisation personnelle.

Le mieux-être à l'école

Pour favoriser ce mieux-être, la psychologie positive a influencé un certain nombre d'associations qui se sont mobilisées pour proposer des programmes d'estime de soi, puis d'apprentissage social et émotionnel à l'école.

L'estime de soi

L'estime de soi est cette **attitude intérieure** qui consiste à **évaluer si l'on a de la valeur et de l'importance**. Elle est un déterminant central du bien-être et des conduites adaptatives positives. Mais pour bien fonctionner, elle doit être ni trop élevée ni trop basse.

Beaucoup de parents pensent qu'il est nécessaire de féliciter sans cesse l'enfant pour qu'il ait une bonne estime de lui-même. Or, s'il est constructif de reconnaître les efforts et les réussites, cela l'est beaucoup moins de valoriser de façon excessive une réalisation qui ne le mérite pas.

Des études ont montré que les adultes, comme les enfants, réussissent moins bien les tâches qui sont assorties d'une récompense. Car c'est mettre l'accent sur le résultat, et non sur le cheminement pour l'atteindre. C'est négliger les moyens pour se focaliser sur le but, ce qui est finalement contraire au processus d'apprentissage.

Une trop haute estime de soi est contraire aux compétences relationnelles et adaptatives. Elle favorise des comportements passifs face à l'adversité et une moindre motivation à l'effort, comme si la personne attendait des solutions de l'extérieur, comme un dû. Martin Seligman considère que ce mode éducatif entraîne une plus grande vulnérabilité à affronter les difficultés, à les accepter et à gérer la frustration. Il conseille plutôt aux parents d'accompagner l'enfant à développer son intelligence émotionnelle et relationnelle.

L'abus des récompenses risque de former des enfants qui retirent peu ou pas de plaisir de leurs activités et de leurs réalisations en l'absence de récompenses ou de compliments.

THOMAS GORDON

L'apprentissage social et émotionnel

Aux États-Unis et au Canada, le mouvement en faveur de l'estime de soi a été progressivement remplacé par des interventions centrées sur l'apprentissage des compétences sociales et émotionnelles.

Des ateliers sur la **conscience de soi** (sensations, émotions, besoins, valeurs…) **et d'autrui** (empathie, gratitude), la **gestion des émotions et du stress**, les **compétences relationnelles, la capacité à prendre des décisions et à résoudre les problèmes**. Le plus connu de ces programmes, le *Penn Resiliency Programme*, a été développé par l'équipe de Martin Seligman. Il comporte 12 séances visant à augmenter l'optimisme chez les jeunes de 10 à 14 ans. Ils apprennent à faire les liens entre pensée et émotions, à formuler des attentes positives face à l'avenir et aux difficultés. Ils sont invités à se mettre dans la peau d'un détective pour repérer et analyser les différentes pensées qui surviennent face à des situations stressantes.

Lorsque des pensées automatiques surviennent, par exemple quand un copain ne vient pas les saluer (« Personne ne s'intéresse à moi »), les adolescents s'entraînent à trouver des solutions alternatives (« Il est stressé ce matin à cause du contrôle »). L'efficacité de ce programme a été démontrée par 17 études dans le monde : le taux d'anxiété et de dépression chez les jeunes en ayant bénéficié a baissé de 50 %.

Tal Ben-Shahar enseignait avec succès **la psychologie positive** à Harvard. Ce professeur de bonheur continue dans ses livres à nous inviter à offrir à l'enfant un chemin qui lui apporte à la fois du **sens** et du **plaisir**. Des idées qui rejoignent celles proposées depuis plus d'un siècle par les pédagogies dites **alternatives** aux méthodes traditionnelles.

Les pédagogies « nouvelles » ou « alternatives »…

Ce terme fait référence aux méthodes élaborées au cours du XXe siècle par des pédagogues tels que Maria Montessori, Célestin Freinet, ou Rudolf Steiner, et qui ont utilisé avant l'heure des concepts validés scientifiquement par la psychologie positive.

Prenons l'exemple de la pédagogie Montessori. L'un des points essentiels de cette pédagogie est d'**encourager l'autonomie et l'initiative chez l'enfant**, et ce, dès le plus jeune âge. Cela permet de faciliter ses apprentissages, de le motiver et de favoriser son développement en tant que personne.

Maria Montessori partait du constat selon lequel la motivation de l'enfant pour apprendre est naturelle, et que dans un environnement structuré, où on le laisse explorer et affirmer ses choix, il saura demander de l'aide quand il en a besoin.

Elle résumait cela par sa célèbre phrase : « Aide-moi à faire seul. »

Elle considérait qu'il est primordial d'offrir à l'enfant la possibilité d'épanouir au maximum ses différentes compétences et sensibilités, dans des activités qui ont du sens :

- Dans un cadre adapté à ses besoins physiques, affectifs et intellectuels ;
- En le plaçant au cœur du système, en respectant son rythme propre et ses particularités individuelles ;
- Par des méthodes actives et des apprentissages construits autour de l'observation, l'expérimentation et des projets afin d'augmenter la motivation ;
- Tout en l'éveillant à une vie sociale positive, en le responsabilisant et en favorisant l'autodiscipline.

La fonction du milieu n'est pas
de former l'enfant mais de lui permettre
de se révéler.

Maria Montessori

… et la psychologie positive

Cela rejoint l'idée d'enseigner à l'école la psychologie positive, qui favorise une pensée claire, la motivation intrinsèque, le respect du bien-être pour tous et du sens donné à la vie. Penser l'environnement scolaire dans la perspective de la psychologie positive, c'est penser à la **satisfaction des élèves**, au **développement de leur force de caractère, de leurs comportements pro-sociaux, de l'optimisme, de la maîtrise, plutôt que de la performance.** Un programme au cœur de la bienveillance !

LE POUVOIR DU COMPLIMENT

Un éducateur de Floride a eu une idée brillante : transformer le rébarbatif appel du matin en un moment de valorisation. Il profite de l'énonciation du nom de l'élève pour lui adresser un compliment devant tout le monde. Un rituel positif qui permet de souder la relation de confiance et de renforcer l'estime de soi des enfants en se concentrant sur leurs talents. Après quelques semaines, les écoliers ont même commencé à se complimenter entre eux…

En semant des graines positives et bienveillantes dans le quotidien, les institutions scolaires préparent les jeunes à la phase suivante de leur vie, celle d'adultes responsables et équilibrés, acteurs de changement pour la société.

LA BIENVEILLANCE AU TRAVAIL

Le travail d'un leader est de prendre les gens tels qu'ils sont et de créer, par la bienveillance et l'encouragement, les conditions dans lesquelles ils pourront s'épanouir et se développer. Tout le reste n'est que désir de domination et de contrôle.

STEVE JOBS

Une grande partie de notre vie se passant au travail, nous aimerions nous y épanouir, tout en étant au service de l'entreprise. Mais entre le stress, la course à la compétitivité, la précarité de l'emploi ou les perspectives d'évolution nébuleuses, pas toujours facile de rester serein et bienveillant dans l'univers professionnel !

Depuis quelques années, le bien-être est devenu un enjeu majeur pour les directions Ressources humaines, sollicitées dans la réduction des risques psychosociaux, l'amélioration du climat collectif, l'augmentation de la motivation des équipes. L'observatoire du bien-être au travail[3] a constaté que si ce bien-être est bénéfique pour l'équilibre et la santé de l'individu, il l'est aussi pour les entreprises en amenant une productivité accrue et une réduction du turn-over. Il génère en effet des comportements positifs comme l'altruisme, l'aide, la ponctualité, et permet de mener à bien son travail en étant plus autonome.

D'après un récent sondage, 9 % de chefs d'entreprise français disent avoir adopté un management bienveillant, cette nouvelle approche prometteuse en efficacité et en climat social apaisé.

La bienveillance au travail, c'est…

- L'attention portée à soi, comme à autrui.
- Du respect, de la considération, quel que soit le grade.
- Une écoute attentive et respectueuse.
- Être une personne avant une fonction.
- Un savoir-être complémentaire à un savoir-faire.
- Un climat de confiance qui permet à chacun de s'exprimer sans peur et sans reproche.
- L'affaire de tous.

3. Baromètre Edenred-Ipsos.

Le management par la bienveillance

Bien loin d'un management pyramidal, agressif, méprisant, le management bienveillant favorise un comportement éthique en portant considération aux femmes et aux hommes sur leurs lieux de travail, en assurant la dignité de chacun, en traquant les pratiques discriminatoires ou insultantes, en prévenant la perte de sens. Pour cela, il institue ouvertement des règles destinées à garantir l'écoute, l'expression des besoins, l'accès à l'information, la participation à la décision, la coopération. Il devient alors créateur de plus de confiance individuelle et collective, de créativité, d'enthousiasme, de bien-être… et donc de performance !

Une attitude respectueuse dans le monde du travail

Une équipe d'universitaires, spécialistes du management, a interrogé des étudiants en recherche d'un emploi à plein temps. Avant leur premier entretien d'embauche, les facteurs les plus importants pour ces jeunes étaient le travail lui-même, la culture organisationnelle, la rémunération, les perspectives d'évolution de carrière et la formation.

Mais la rencontre avec des recruteurs va radicalement modifier la hiérarchie de leurs critères. Les indemnités, mentionnées auparavant comme prioritaires par la majorité d'entre eux, ont finalement moins de poids au moment de prendre leur décision. L'attitude positive, l'empathie, la reconnaissance manifestées par les recruteurs deviennent déterminantes, car elles laissent augurer le meilleur pour la vie professionnelle à venir.

Le besoin de reconnaissance

Ce besoin de reconnaissance a été mis en équation (on parle de *ratio de Losada*), lors d'une expérience menée au sein d'une grande entreprise par Marcial Losada et ses collaborateurs. Ils ont analysé les réunions de 60 équipes de 8 managers. Chacune d'elles était connue quant à ses performances, la satisfaction des clients, ainsi que l'appréciation des supérieurs et des subordonnés.

Chaque équipe se réunissait dans une salle aménagée avec des glaces sans tain, derrière lesquelles se tenaient les chercheurs. Leurs prises de parole ont été répertoriées, puis classées en deux catégories : positives ou négatives.

Losada s'est aperçu que la proportion de prises de parole positives par rapport aux négatives variait beaucoup selon l'équipe considérée et influençait sa performance. Les meilleures se caractérisaient par un rapport d'environ six interactions positives pour une négative. Celles à performance moyenne affichaient un score proche de deux positives pour une négative.

Quant aux équipes peu performantes, elles avaient trois fois plus de paroles négatives que de positives.

Losada a identifié un seuil critique : 2,9 paroles positives pour chaque parole négative. En dessous de celui-ci les équipes ont tendance à stagner et à être peu performantes. Si un bon manager doit savoir faire des critiques constructives, son rôle est aussi de mettre en lumière le positif pour entretenir la motivation et la réussite de son équipe.

L'engagement et la motivation

L'engagement des salariés au travail est l'un des actifs les plus importants pour l'entreprise et il repose sur la motivation de chacun. Certains managers pensent qu'elle n'est qu'une *question d'argent*, alors que les salariés seraient motivés entre 40 % et 60 % par des raisons psychologiques. D'autres croient encore à l'efficacité du management par le stress, à la mode il y a une vingtaine d'années. Le Dr Philippe Rodet[4], spécialiste de l'interaction entre stress et motivation, a mis en évidence l'effet délétère du stress et le processus chimique en cause : « Lorsque le stress augmente, le système sympathique se dérègle, avec pour conséquence la diminution du

4. Dr Philippe Rodet, Yves Desjacques, *Le Management bienveillant*, Eyrolles, 2017.

taux d'acétylcholine impliqué dans la régulation de la motivation. »

Mieux vaut encadrer sans stresser, rassurer plutôt qu'angoisser, se faire respecter plutôt que craindre pour améliorer la motivation. Place à ces managers bienveillants qui encouragent les efforts de leurs collaborateurs, étudient leurs suggestions, donnent du sens à leur travail, fixent des objectifs atteignables et les félicitent lors de leur réussite !

Le management basé sur les forces

Le manager efficace s'appuie sur les talents de ses collaborateurs. Il cherche à identifier les points forts de chacun afin de favoriser ces expériences optimales où le corps et l'esprit sont utilisés pour réaliser quelque chose de difficile et d'important. Une efficacité qui dépend de **trois conditions** : le défi est proportionné aux compétences ; les objectifs sont précis ; l'évaluation et le feedback interviennent rapidement. Et si l'échec survient, il est nécessaire de donner le **droit à l'erreur** afin qu'elle devienne source d'apprentissage et d'évolution.

Les salariés pensent souvent que cette posture de bienveillance revient implicitement à leur hiérarchie, aux ressources humaines, au Comité d'hygiène, de sécurité et des conditions de travail (CHSCT), aux partenaires sociaux, et que prendre soin de l'autre ne fait pas partie de leur mission. Pourtant, adopter une posture de gentillesse, une ouverture dans l'intelligence du cœur d'individu à individu est le défi choisi par certains…

Le pari des salariés « bienveilleurs »

Les *bienveilleurs* sont ces salariés qui veulent installer un bien-être dans un travail à « visage humain ». Ils refusent de limiter les relations professionnelles à un simple « bonjour-au-revoir », et de laisser l'individualisme régner au bureau. Ils sont persuadés que prendre soin de leurs collègues constitue une promesse de bien-être généralisé au travail. Il suffit pour cela d'autoriser à l'autre ce que l'on apprécierait pour soi, de faire appel à leurs facultés naturelles de bienveillance, d'altruisme, de générosité, de coopération. Avec pour objectif de rassembler, mobiliser, rendre accessible à tous un réseau positif afin d'encourager l'entraide, la mutualisation des compétences et la liberté d'être soi au travail.

Depuis une quinzaine d'années, les chercheurs du très sérieux *Compassion Lab* de l'université du Michigan aux États-Unis s'interrogent sur l'intérêt d'agir avec empathie envers ses collègues. Ils ont identifié le profil de ces employés pas tout à fait comme les autres, qui sont particulièrement à l'écoute des inquiétudes et angoisses de leurs collègues. En agissant avec empathie, sans intérêt ni jeu de pouvoir, ils deviennent ces « catalyseurs de souffrance », qui apportent de réelles solutions aux problèmes des membres de leur équipe. Sans se poser comme « sauveurs », ils écoutent, questionnent, reformulent leurs attentes et besoins, afin de les amener à exprimer une demande d'aide.

Il s'agit d'une bienveillance dans les relations professionnelles qui apporte un gain en bien-être pour chacun, ainsi qu'une meilleure cohésion au sein de l'entreprise.

Agir avec bienveillance

Faire preuve de bienveillance au quotidien se traduit par des actions simples et concrètes : prendre du temps pour écouter l'autre, porter attention à ses centres d'intérêt, oser clarifier par une simple question une zone de flou, échanger dans une confiance mutuelle…

Ma check-list bienveillante

Cochez dans cette liste vos pistes d'action :

☐ Je dis « bonjour », « au revoir » et « merci » à chacun en gardant le contact avec le regard.

☐ J'adopte une posture physique d'ouverture. Je souris, détends mon corps, en particulier mes épaules et mes mains, je décroise les bras et respire calmement.

☐ J'évite d'alimenter « radio moquette » où circulent les rumeurs et les petits potins sur les uns et les autres.

- ☐ J'écoute, j'écoute, j'écoute…
- ☐ Je reformule les propos de mon interlocuteur pour vérifier ma bonne compréhension.
- ☐ Je prends des pauses conviviales pour échanger de façon informelle et positive avec mes collègues.
- ☐ Je participe une ou deux fois par an à une sortie ou un évènement festif pour renforcer la cohésion d'équipe.
- ☐ Je fais préciser et clarifie les règles de fonctionnement, les objectifs et les missions de chacun pour mieux les respecter.
- ☐ Je joue la carte de l'exemplarité.
- ☐ Je provoque des échanges réguliers et constructifs avec ma hiérarchie.
- ☐ ....
- ☐ ....

En devenant ce passeur bienveillant, vous allez transformer avec talent les problèmes individuels en expérience positive.

PAUSE FIKA

En Suède, où les employés sont parmi les moins stressés du monde, le secret du bonheur au travail pourrait résider dans un rituel baptisé fika, un moment d'échange entre collègues autour d'une boisson chaude, pratiqué deux fois par jour.

Transformez-vous en ange gardien

Choisissez un collègue auquel vous prêterez attention dans les semaines à venir. Rendez-vous disponible pour lui et devenez son référent au sein de l'entreprise. Bien-être assuré, tant pour vous, faisant preuve de bienveillance, que pour celui qui va trouver écoute et soutien moral !

Quelle que soit notre entreprise, nous sommes acteurs de son ambiance générale et de l'état d'esprit de notre environnement. Et si en faisant le choix de ces attitudes bienveillantes, nous pouvions aussi faire rayonner le bien-être dans le monde ?

Je fais le rêve, qu'un jour les hommes,
se lèveront et comprendront enfin,
qu'ils sont faits pour vivre ensemble
comme des frères.

Martin Luther King

PARTIE

3

—

LES CHEMINS DE LA BIENVEILLANCE

Pour favoriser notre mieux-être, nous pouvons adopter certaines attitudes qui permettent d'être pleinement acteurs d'une vie épanouie et d'offrir plus de bienveillance à ceux qui nous entourent.

L'OPTIMISME

Un pessimiste voit la difficulté dans chaque opportunité, un optimiste voit l'opportunité dans chaque difficulté.

WINSTON CHURCHILL

L'optimisme a été l'un des sujets les plus étudiés par la psychologie positive, qui a montré qu'il participe activement à notre bien-être. Nous pouvons développer notre optimisme, comme nous entraînons notre corps pour une compétition sportive. Et nous avons du pain sur la planche, car, en France, nous sommes les champions… de la grogne !

Faites le point : êtes-vous optimiste ou pessimiste ?

- Souvenez-vous de votre journée d'hier… Vous rappelez-vous surtout les bons moments vécus ou les difficultés rencontrées ?

- Quand vous pensez à votre avenir, à celui de vos enfants, à la conjoncture politique, sociale, êtes-vous plutôt optimiste, pessimiste ou réaliste ?

Être optimiste consiste à considérer que la probabilité de la survenue d'évènements positifs est supérieure à celle d'évènements négatifs. C'est une **anticipation globale d'un avenir agréable**, la certitude de pouvoir atteindre ses objectifs d'une façon ou d'une autre.

Le pessimiste est centré sur un problème alors que l'optimiste cherche la solution et sait transformer les obstacles en apprentissages.

Les diverses facettes de l'optimisme

C'est l'étude des extrêmes, optimisme et pessimisme, qui a permis d'identifier divers aspects de l'optimisme, qui est tout à la fois un **trait de personnalité** et une manière personnelle de réagir face aux évènements, un **état modifiable** par l'apprentissage, mais aussi une **stratégie d'adaptation** qui réduit l'anxiété générée par l'avenir en améliorant l'image de soi.

Un trait de personnalité

L'optimiste vit en « **mode solution** » en se posant un certain nombre de questions : « Pourquoi ? », « Qui ? », « Comment ? »

- Confronté à une difficulté, il émet des hypothèses pour en cerner les causes en se posant la question : « Pourquoi est-ce que cela ne va pas ? »
- Imaginez que vous venez de rater la recette de cuisine réputée super-facile donnée par une amie, et vous constatez que c'est un désastre. Que vous dites-vous : « Je suis nul ! » ou « J'ai dû oublier de noter un ingrédient » ?
- Il se demande quelle est la cause de son échec ou de sa réussite : est-elle interne, externe ou mixte ?
- Si vous échouez à votre permis de conduire, est-ce à cause du mauvais temps, de l'examinateur irascible ou de votre manque d'entraînement ?
- Vient ensuite le temps du « Comment » ? « Que vais-je faire de différent et comment vais-je faire pour réussir la prochaine fois ? »
- Quand l'optimiste réussit, il se sent alors responsable de sa réussite, de ses choix et des stratégies adoptées souvent avec flexibilité, en tenant compte d'un feedback constructif.

Un état d'esprit modifiable

Chaque être humain bénéficie d'un potentiel d'optimisme. **Une part de cette faculté est innée, l'autre s'apprend.** C'est ce qu'a montré un programme d'entraînement à l'optimisme, sur douze semaines, proposé à des enfants de 10 à 14 ans. On leur apprenait à identifier leurs explications pessimistes avant de les remettre en question. Ils devaient ensuite envisager des explications plus positives. Grâce à cet apprentissage de l'optimisme, dans les deux ans qui ont suivi ces jeunes ont été moins sujets à la déprime que ceux du groupe contrôle.

Une stratégie naturelle d'adaptation

Des recherches faites à Londres sur des milliers de sujets indiquent que pour survivre, nous aurions choisi de jouer la carte de l'optimisme. Certaines de leurs stratégies ont ainsi été identifiées :

- Oublier les souffrances et difficultés passées, en embellissant le passé ;
- Valoriser leurs choix ;
- Sous-estimer défauts et faiblesses, en surestimant atouts et qualités ;
- Privilégier les projections positives, même quand l'avenir paraît sombre.

Par cette créativité et faculté d'anticiper positivement, notre cerveau tricherait avec la réalité, pour que nous osions inventer des lendemains heureux !

Une attitude qui aide à guérir

Une étude réalisée auprès de malades cardiaques a montré cette dynamique positive : avant l'intervention, les optimistes se projetaient plus facilement dans le futur que les pessimistes, s'imaginaient guéris et se fixaient des objectifs motivants. Après l'opération, ils se focalisaient moins sur les aspects négatifs ou douloureux et récupéraient plus vite.

Attribuer un sens constructif à l'adversité est un excellent moyen pour rester maître de son existence, préserver vitalité et estime de soi, aider à vivre mieux, voire plus longtemps. Après trente années d'études, des chercheurs ont établi que l'optimiste a une espérance de vie de 19 % supérieure au pessimiste, son état d'esprit stimulant le **système neuro-immuno-endocrinien** et réduisant les risques d'accident cardio-vasculaire.

Être optimiste, c'est choisir sa façon de voir le monde. C'est accepter que certaines choses soient tristes, sans toutefois renoncer à les transformer.

Beaucoup de personnes se sentent épuisées et de mauvaise humeur en pensant à toutes les choses à accomplir. Pour transformer votre journée, fixez-vous un objectif positif attractif !

La première pensée du jour

Au moment de votre réveil, demandez-vous ce que vous avez envie d'installer aujourd'hui de constructif dans votre vie. Par exemple : ressentir de la bienveillance à mon égard, mieux écouter mes collègues…

Pour cette journée qui s'offre à moi, j'ai envie de :

....

....

L'EMPATHIE

L'empathie est une qualité d'écoute et
de présence à l'autre, à ses sentiments
et à ses besoins, sans vouloir l'amener
quelque part et sans souvenir du passé.

MARSHALL B. ROSENBERG

Pour mieux comprendre l'autre et communiquer positivement, rien de tel que l'empathie ! Carl Rogers a été le premier psychothérapeute à mettre en lumière le rôle essentiel de la relation dans l'efficacité thérapeutique, mais aussi dans la communication quotidienne.

Qu'est-ce que l'empathie ?

L'empathie désigne la capacité de se mettre à la place d'autrui, de se représenter ce qu'il ressent et/ou pense, tout en restant conscient de la différence entre soi et l'autre. Carl Rogers la définit ainsi : « … *être empathique consiste à percevoir avec justesse le cadre de référence interne de son interlocuteur ainsi que les raisonnements et émotions qui en résultent.* […] *C'est-à-dire capter la souffrance ou le plaisir tels qu'ils sont vécus par l'interlocuteur, en percevoir les causes de la même façon que lui* […] *sans jamais oublier qu'il s'agit des expériences et des perceptions de l'autre.* »

L'empathie émotionnelle

L'empathie émotionnelle est une réaction généralement automatique et non intentionnelle. Nous la pratiquons au quotidien : être ému en regardant un film, se sentir affecté par la souffrance d'un proche, communiquer sans parole dans l'intimité… L'empathie émotionnelle se manifeste très précocement puisque, dès les premières heures suivant leur naissance, les bébés réagissent à la détresse environnante en pleurant.

L'empathie comportementale ou l'« effet caméléon »

L'empathie comportementale renvoie à un processus de « mimétisme comportemental ». Il arrive fréquemment qu'au cours d'une conversation entre deux personnes, l'une d'elles imite les gestes et postures de l'autre, sans s'en rendre compte. Ceci est particulièrement fréquent chez les personnes qui entretiennent de bonnes relations entre elles. En programmation neuro-linguistique (PNL), on parle de **synchronisation verbale et non verbale**. Cette approche a montré qu'être ainsi sur la même longueur d'ondes rassure notre interlocuteur et facilite l'établissement d'une relation de confiance.

- **L'empathie favorise la coopération et stimule les compétences sociales**, car le lien empathique confirme la reconnaissance et l'existence de l'Autre.

L'empathie éclairée par la neurophysiologie

Les recherches sur l'empathie ont connu un regain d'intérêt inattendu à la suite de la découverte des *neurones miroirs* par l'équipe du Pr Giacomo Rizzolatti[1] de l'université de Parme, au cours des années 1990. Ces neurones, appelés aussi **neurones empathiques** ou **neurones de Gandhi**, permettent la compréhension de ce qui se passe chez les autres personnes.

Lorsque nous observons quelqu'un faire un geste – par exemple remplir un verre d'eau, le porter à ses lèvres, boire –, les mêmes circuits neuronaux qui commandent cet acte s'activent dans notre cerveau, alors que nous restons parfaitement immobiles.

1. Giacomo Rizzolatti, Corrado Sinigaglia, *Les Neurones miroirs*, Odile Jacob, 2008.

Les neurones miroirs nous permettent de communiquer avec autrui. Ils sont les promoteurs du langage et de l'action, de l'apprentissage par imitation. Sans eux, pas de relation, pas de culture, pas de gentillesse, pas de compassion, pas d'humanité !

Mettez plus d'empathie dans votre vie

- Pensez à l'un de vos proches ayant partagé avec vous ses difficultés.
- Avez-vous utilisé vos compétences relationnelles d'empathie avec lui ?
- Avez-vous reformulé et mis des paroles sur l'émotion exprimée ?
- « Tu sembles triste… C'est dur pour toi de vivre cela… Tu as l'air très en colère de… »
- Lui avez-vous posé des questions bienveillantes ?
- « Que se passe-t-il pour toi quand… ? Que ressens-tu ? De quoi as-tu besoin ? »
- L'avez-vous écouté sans lui prodiguer des conseils non demandés et sans lui parler de vous ?
- Lors de votre prochaine rencontre, consacrez-lui empathie et écoute attentive. Et observez ce qui se passe alors…

LA GENTILLESSE

Je suis moins souvent que jadis dans la gentillesse « Aimez-moi », davantage dans la gentillesse « Je vous aime et j'aime la vie ». Être gentil me rend heureux. Et être heureux me rend gentil.

CHRISTOPHE ANDRÉ

Dans notre société où triomphent trop souvent ironie et scepticisme, être gentil est encore synonyme de faiblesse et de naïveté. Mais bonne nouvelle, la gentillesse est une valeur à la hausse ! Conséquence positive d'une société en crise, il émerge le besoin de créer du lien, de la solidarité, de la convivialité.

Depuis quelques années, on célèbre une **journée de la gentillesse** le 3 novembre, des **associations de gentils** fleurissent un peu partout et il existe même un site qui propose des forums où les internautes s'incitent mutuellement à faire des AK, *acts of kindness* (actes de gentillesse) : dire bonjour à un passant, sourire à son voisin, offrir des croissants… La gentillesse permet de s'arracher à son ego, de s'ouvrir vers l'autre dans un mouvement généreux et rassurant. Face à l'indifférence et au manque de respect, nous possédons sans le savoir l'arme la plus efficace qui soit : notre cœur !

Faire plaisir nous fait du bien

Nous avons tous à gagner à être gentils, car cela est bon pour le moral, comme pour la santé, nous dit Stefan Einhorn[2], cancérologue suédois.

Cela est bénéfique pour le cœur, renforce les défenses immunitaires, augmente l'estime de soi et la motivation, développe des sentiments positifs (empathie, joie, plaisir, plénitude…) La gentillesse favorise le lien et la cohésion sociale, la coopération et la solidarité. C'est aussi un antidépresseur naturel et gratuit, à consommer sans modération ! Elle a des effets positifs sur la production de sérotonine, un neurotransmetteur qui équilibre les émotions et dont la carence entraîne anxiété, angoisse et dépression. Un simple geste de bonté peut en stimuler la production chez la personne qui l'effectue, chez celle qui en bénéficie, mais aussi pour ceux qui en sont témoins grâce aux neurones miroirs.

2. *L'Art d'être bon : oser la gentillesse*, Pocket, 2010.

Votre défi gentillesse

Et si vous laissiez parler votre cœur toute l'année ?

Voici quelques idées pour vous transformer en rayon de soleil : offrir des compliments à vos proches ; parler en souriant ; envoyer un texto gentil à vos amis ; commencer une action caritative ; écrire à un ami perdu de vue ; servir un petit déjeuner au lit à votre conjoint ; apporter des fleurs à la maîtresse de vos enfants (ou à votre belle-mère !) ; inviter votre vieille voisine esseulée à dîner ; laisser un gros pourboire au resto ; créer un groupe de Gentils sur un réseau social ; utiliser vos talents de mécano, de bricoleur, de cuisinier, de psychologue pour les offrir aux personnes qui en ont besoin ; organiser une « opération câlins » dans la rue…

Laissez parler votre cœur et osez ces petites attentions… aux grands effets !

Manifestez de la gentillesse !

Quels vont être les actes de gentillesse que vous avez faits aujourd'hui ? Listez-les ci-dessous :

♥ ....

♥ ....

♥ ....

L'ALTRUISME ET LA GÉNÉROSITÉ

Aider c'est aimer. Et l'amour,
c'est le point d'or dans la nuit des hommes.

FÉLIX LECLERC

L'altruisme est une attitude de générosité envers autrui liée au souci de son bien-être, sans attente en retour. C'est une disposition bienveillante envers les autres qui permet de sortir de l'égoïsme ambiant et qui favorise à long terme le bien-vivre ensemble en redonnant de l'humanité à nos activités.

Nombreux sont les philosophes et les écrivains qui affirment depuis des siècles que générosité et altruisme sont sources de bien-être. « Le véritable bonheur consiste à rendre les autres heureux », dit un proverbe hindou.

Des bienfaits scientifiquement prouvés

Sonia Lyubomirsky, psychologue à l'université de Stanford, a montré que les étudiants qui pratiquaient des actes altruistes (tenir la porte, faire la vaisselle pour aider, etc.) pendant dix semaines se sentaient de meilleure humeur et conservaient une meilleure image d'eux-mêmes que ceux du groupe témoin.

D'autres chercheurs ont confirmé que l'altruisme, notamment le bénévolat, contribue à atténuer les symptômes dépressifs et consolide le sentiment de bonheur. Un examen du cerveau, réalisé à l'aide de l'imagerie par résonance magnétique fonctionnelle, a dévoilé qu'une pensée ou un geste altruiste active les zones cérébrales liées à la récompense.

Le bénévolat en France

Une étude récente[3] montre l'évolution de l'engagement associatif, loin du stéréotype de la dame patronnesse ; 13 millions de personnes en France se consacrent à des activités caritatives où se côtoient des jeunes, des seniors, des travailleurs issus de toutes les classes sociales, ainsi que des chômeurs.

3. Roger Sue et Jean-Michel Peter (CNRS/université Paris Descartes).

Car les bienfaits du bénévolat sont nombreux : maintien du lien social, ouverture d'esprit, sociabilité, sentiment d'être utile aux autres…

Donner un peu de soi-même et de son temps est ainsi devenu une source de loisir, voire de plaisir, grâce aux rencontres enrichissantes qui y sont faites. Ces volontaires trouvent dans cette action désintéressée une source de découverte de soi et d'épanouissement personnel. Un accomplissement qui passe désormais par d'autres voies que la vie professionnelle ou familiale.

Il existe de nombreuses manières d'aider les autres : dons d'argent, distribution de repas, garde d'enfants, aide aux devoirs, sortie d'animaux, visites dans les hôpitaux et maisons de retraite, lutte contre l'illettrisme…

À vous de trouver la mission qui vous intéresse !

Votre check-list du cœur

Si vous souhaitez inclure le bénévolat à votre vie, pensez à :

- Choisir une cause en accord avec vos valeurs et qui vous apportera détente ou énergie, afin de faciliter le respect de votre engagement ;
- Faire des choses dont vous avez toujours rêvé et que votre vie professionnelle ne vous permet pas (cultiver

votre patte artistique, développer votre créativité, muscler votre côté sportif…) ;

- Vous fixer des objectifs réalistes et stimulants ;
- Impliquer des personnes de votre entourage dans cette activité en tenant compte des goûts de chacun. Agir ensemble permet d'entretenir la motivation ;
- Vous accorder des moments pour prendre soin de vous afin de recharger vos batteries.

L'ÉMERVEILLEMENT

Il n'y a que deux façons d'envisager la vie. La première est de croire que rien n'est merveilleux. La seconde est de considérer que tout tient du miracle. Je choisis la seconde.

ALBERT EINSTEIN

Le mot « émerveillement » vient du terme *mirabilia*, union du mot « miracle » et du verbe « admirer ». Les plus grands experts en émerveillement sont les enfants qui découvrent le monde, jouent avec lui et savent en rire à perdre haleine. Mais quand nous arrivons à un certain âge, l'insouciance est souvent derrière nous et la réalité nous accapare avec ses poisons anti-émerveillement : injustice, compétition, misère, peur, dépression, pessimisme, snobisme, rationalisme réducteur…

Notre capacité d'émerveillement est alors à reconquérir pour réenchanter le quotidien. Une fois cette aptitude retrouvée, un miracle s'opère : la vie se met à parler avec la même magie qu'aux enfants. Une magie toutefois enrichie par l'expérience de la vie…

L'importance de l'émerveillement

C'est l'émerveillement qui donne sens et permet de déceler toute la beauté environnante. Dans ce moment où l'être et l'existence se rencontrent, la vie étincelle. On entre dans ces « *heures étoilées* », comme les appelait le psychothérapeute allemand Graf Dürckheim, celles où l'on ressent le plaisir d'exister « pour rien », comme la fleur qui s'épanouit sans pourquoi. Simplement être là, dans l'instant présent et savourer avec gratitude ce qui nous entoure.

S'émerveiller, c'est s'ouvrir au monde avec gourmandise, en se laissant toucher par l'inconnu ou l'imprévu, par la beauté de ces petites choses qui deviennent des grandes choses : un enfant endormi, le froissement d'ailes d'un vol de palombes, un somptueux lever de soleil, un moment de tendresse partagé…

Mais le premier pas, c'est sans doute l'émerveillement de soi-même, comme l'enfant qui découvre qu'il tient debout tout seul. Et si vous portiez attention à cette petite voix intérieure qui murmure à votre oreille : « Aime-toi pour découvrir tout le merveilleux à l'intérieur de toi ! »

On s'émerveille alors d'exister, que le monde existe, qu'il y ait une relation possible entre le monde et soi, dans cette Présence vivante qui nous relie.

Regardez et émerveillez-vous !

Votre liste d'émerveillements

Portez maintenant votre attention sur ce qui vous entoure avec ce regard émerveillé de l'enfance et écrivez tout ce qui vous éblouit :

- ♥ ....
- ♥ ....
- ♥ ....
- ♥ ....
- ♥ ....
- ♥ ....

L'émerveillement devient ce chemin spirituel qui permet d'apprendre le lâcher-prise en savourant ces précieux instants d'harmonie, de plénitude où l'on se sent fusionner avec l'Univers et où l'on a simplement envie de dire : **« Merci la vie ! »**

LA GRATITUDE

La gratitude est la plus belle fleur
qui jaillit de l'âme.

SÉNÈQUE

« **Merci !** », cinq lettres qui peuvent changer l'existence en nous incitant à apprécier ce que nous avons, plutôt qu'à déplorer ce qui nous manque. Mais aussi à nous réjouir de ce que nous pourrions considérer comme des acquis : une famille, un toit, un travail… Pratiquer la gratitude détourne l'attention de soi, la dirige davantage vers les autres et vers ce qu'ils nous apportent. C'est prendre conscience que nous avons besoin des autres pour exister !

Les bienfaits de la gratitude

Plusieurs études expérimentales montrent que la pratique de la gratitude fonctionne comme un **système**

immunitaire psychologique qui nous protège en cas de difficultés, élève notre énergie vibratoire et notre humanité consciente. Les personnes qui expriment régulièrement leur gratitude se sentent dans l'ensemble plus optimistes et satisfaites de leur existence. Leur santé s'est améliorée, elles dorment mieux, sont plus enclines à rendre service et se sentent en lien avec autrui.

Les freins à l'expression de la gratitude

Une étude a été menée par l'université de *Chicago Booth School Business*[4] pour mieux comprendre comment est vécue la gratitude. Les chercheurs ont invité les participants à écrire à quelqu'un qui leur a changé la vie de manière positive, puis à évaluer si cette personne allait être surprise, heureuse ou embarrassée par ce message. Ils ont interviewé ensuite les destinataires pour évaluer leur ressenti réel.

Cette enquête a montré que les participants :

- sous-estiment considérablement l'émotion positive que va susciter leur marque de gratitude chez les destinataires ;

4. « Undervaluing Gratitude: Expressers Misunderstand the Consequences of Showing Appreciation », revue *Psychological Science*, 2018.

- surestiment un présupposé sentiment de malaise des destinataires face à cette expression de leur reconnaissance ;
- sont préoccupés par l'idée de ne pas être capables de bien exprimer leur gratitude.

Les destinataires, en revanche, se sont déclarés heureux, simplement en raison du geste, et ce quels que soient les mots choisis dans la lettre de remerciements.

Cette étude a démontré que ce geste prosocial est bénéfique autant pour celui qui s'exprime que pour celui qui reçoit.

La gratitude, mode d'emploi

- **Tenez un carnet de gratitude**
  Notez au moins une fois par semaine trois évènements pour lesquels vous avez envie de dire « *Merci !* » Cet exercice vous invite à voir le bon côté des choses, à prendre conscience des trésors et des richesses que la vie vous offre.

- **Envoyez des lettres de gratitude**
  Grâce à cet « arrêt sur image » régulier, pensez à exprimer votre gratitude aux personnes concernées en leur adressant une lettre de remerciements.
  Faites de même avec vous. Écrivez-vous des mots

doux pour vous remercier de votre bienveillance à votre égard.

- **Exprimez votre gratitude en direct**
  Lors d'un entretien ou au téléphone, dites votre reconnaissance et votre estime à votre conjoint, votre enfant, un parent, un ami ou un collègue… Temps fort relationnel garanti !

Grâce à la gratitude, notre vision de nous-mêmes, des autres et du monde s'en trouve positivement transformée. Elle nous ouvre à la compassion, au pardon et à l'Amour…

LA COMPASSION

L'amour et la compassion chassent la peur de vivre car lorsque ces deux qualités de l'esprit se développent en vous, la confiance intérieure surgit et la peur disparaît. C'est votre esprit qui crée le monde dans lequel nous vivons.

LE DALAÏ-LAMA

La compassion est un état émotionnel associé au désir d'aider une autre personne. Proche de l'amour inconditionnel, elle comporte cependant l'intention de soulager la souffrance par une action solidaire. La compassion est une **valeur universelle**, au cœur de toutes les traditions religieuses, spirituelles et éthiques. On pourrait croire qu'être dans la compassion est synonyme de pitié, de charité, parfois proches de la condescendance. C'est au contraire s'intéresser pleinement à l'autre, à ses difficultés, à sa souffrance afin de l'aider à la soulager. C'est ressentir la douleur d'autrui avec conscience et amour pour la transformer en lumière. Dans notre monde en crise économique, écologique et morale, c'est également devenu un **besoin fondamental**, car porter cette attention bienveillante à l'autre, c'est s'ouvrir à quelque chose de **plus grand que soi** qui permet de vivre en harmonie avec ceux qui nous entourent.

Les bienfaits de la compassion

À la suite d'échanges avec le dalaï-lama, **Richard Davidson**, professeur de psychologie et de psychiatrie à l'université de Madison dans le Wisconsin, s'est intéressé au sentiment de compassion et à ses effets sur le cerveau. Au début des années 2000, il étudie avec son équipe le cerveau d'**experts en méditation** à l'aide d'électroencéphalogrammes et d'IRM.

Les résultats qu'il partage sont surprenants : « L'expression de la compassion influence le regard que nous portons sur la vie. Elle va modifier les circuits neuronaux qui le conditionnent et permettre la transformation de l'état émotionnel de base. Les ondes gamma générées par la méditation sur la compassion sont associées à des émotions positives : optimisme, joie, confiance, etc. La méditation sur la compassion renforce notamment les connexions entre le cortex préfrontal et d'autres régions du cerveau impliquées dans l'empathie. C'est alors le regard sur les autres qui change : on est de plus en plus capable de discerner le bien en eux, de voir qu'ils cherchent à être heureux, et nous tendons naturellement à les aider à trouver ce bonheur. »

La compassion au quotidien

Installer la **compassion** dans nos vies, cela passe par des petits gestes au jour le jour, par exemple :

- Prendre le temps d'être présents pour ceux qui nous entourent, leur prêter une oreille attentive, empathique et généreuse ;
- Nous fixer un geste solidaire chaque jour, écouter nos élans de cœur envers les autres : un sourire aux personnes que l'on croise, une pièce offerte, un coup de main ou un coup de fil à quelqu'un en difficulté, un peu de temps à un collègue déprimé…

Il s'agit de faire cela durant trois semaines, le temps nécessaire, disent les neurosciences, pour transformer une activité en habitude !

L'importance de la compassion envers soi

La compassion pour les autres ne doit pourtant pas nous faire oublier l'importance de **pratiquer l'auto-compassion**. Selon la tradition bouddhiste, il est inutile d'espérer prendre soin des autres si l'on ne commence pas par s'occuper de soi. Impossible de faire preuve de bienveillance à l'égard d'autrui tout en continuant à se juger et à se dévaloriser ! D'où l'importance de se considérer avec bienveillance, d'accepter ses faiblesses, d'arrêter de s'autocritiquer, de savoir se réconforter en cas d'échec ou de souffrance.

Une fois que vous aurez commencé
à sentir une compassion authentique
pour vous-même, vous serez capable
de l'étendre aux autres.

KAREN ARMSTRONG

Méditation de l'auto-compassion

Tout en respirant paisiblement, prenez quelques instants pour repérer votre degré d'auto-compassion : est-ce un peu, beaucoup, pas du tout ?

Laissez passer les jugements, les critiques à votre égard, comme si vous regardiez glisser des nuages dans le ciel…

Quel prochain pas pouvez-vous faire pour augmenter votre indulgence, votre gentillesse à votre égard ?

*Peut-être simplement vous accorder
plus de temps pour prendre soin
de vous, de vos besoins…*

*Laissez votre cœur s'ouvrir à la compassion
envers toutes les parties de vous-même…
Allez à la rencontre de celles que vous
aimez afin que cet amour aille soigner
celles que vous n'aimez pas…*

*Remerciez-vous pour ce temps offert…
et recommencez ce petit rituel
le soir avant de vous endormir…*

*En faisant ainsi grandir en vous
cette bienveillance compassionnelle,
vous vous préparez à pardonner…*

LE PARDON

Pardonner, ce n'est ni oublier ni effacer ;
c'est renoncer, selon les cas, à punir
ou à haïr, et même, parfois, à juger.

ANDRÉ COMTE-SPONVILLE

L'une des épreuves les plus douloureuses de la vie est d'être trahi, blessé physiquement ou émotionnellement. Une réaction fréquente est d'alimenter le ressentiment et de chercher à se venger, ou bien de s'isoler et de fuir cette personne ou cette situation. Apprendre à pardonner permet d'éviter ces cercles vicieux aux retombées négatives et de retrouver votre liberté intérieure.

Bill Clinton demanda un jour à Nelson Mandela comment il avait réussi à pardonner à ses geôliers. Il répondit : « À ma sortie de prison, j'ai compris que si je continuais à haïr ces gens, cela équivaudrait à rester prisonnier. »

Le chemin du pardon

Lorsque vous êtes blessé, votre système nerveux a le réflexe naturel de se contracter afin de se défendre contre de nouvelles attaques. Refuser le pardon est donc un réflexe naturel et sain pendant un temps, celui nécessaire à la cicatrisation. Mais si cette position perdure, vous fermez votre cœur à la bienveillance, à la compassion et à l'amour.

Le chemin de la guérison et de la transformation est souvent décrit comme la voie du pardon, celle qui ouvre l'armure qui emprisonne le cœur.

Votre premier pas est peut-être de vous demander : « Si je ne m'accrochais pas à ces reproches, si je lâchais prise, que pourrais-je alors ressentir ? »

Les bienfaits du pardon

Des expériences ont été faites sur des volontaires qui avaient été victimes d'agression. Dans un premier temps, on leur demandait d'imaginer qu'ils se vengeaient. Pour alimenter leur ressentiment, ils devaient songer à leurs blessures, aux douleurs subies. Dans un second temps, ils étaient invités à pardonner, à se dire que l'agresseur était un être humain comme eux, avec ses difficultés. Le verdict des électrocardiogrammes et des mesures physiologiques effectués dans les deux situations a été sans appel : les émotions négatives et le ressentiment étaient corrélés à une élévation du rythme cardiaque et de la pression artérielle, alors qu'en état d'empathie et de pardon, le stress physiologique des mêmes personnes s'abaissait illico. La rancune n'est pas bonne pour la santé !

Et si vous acceptiez de lâcher vos rancœurs, vos ressentiments, la haine pour les personnes qui vous ont blessé ? Voici deux rituels de pardon à utiliser :

La bougie

Allumez une bougie et observez pendant quelques minutes sa flamme en pensant à la personne qui vous a meurtri, sans jugement, ni obligation de faire quoi que ce soit. Simplement accueillir ce qui vient… Renouvelez ce rituel jusqu'à ce que la bougie soit consumée. S'il vous reste du ressentiment, passez au rituel suivant.

La lettre du pardon

- **Videz votre sac de rancœur :** inscrivez sur une feuille la souffrance ressentie face à l'offense, décrivez en détail en quoi cela vous a blessé et ce que vous auriez aimé que cette personne fasse à la place.

- **Cherchez à comprendre son comportement.** Explorez avec empathie son point de vue, sa position et ses intentions.

- **Pardonnez**

« *Quand* ....

....

....

j'ai ressenti ....

....

....

car j'attendais ....

....

....

je comprends à présent ....

....

....

et je te pardonne de ....

....

.... »

- **Libérez…**
  Lisez votre lettre à haute voix et laissez chacune de vos cellules recevoir la paix qui jaillit du pardon. Quand vous vous sentez prêt, brûlez votre message en imaginant que le feu nettoie tout… et laissez une agréable sensation de liberté circuler en vous.

LA JUSTICE CHEZ LES BABEMBA

Autrefois, dans la tribu babemba, en Afrique du Sud, quand une personne était accusée d'avoir commis un acte délictueux, elle était placée au centre du village, seule et sans entraves. Les villageois se rassemblaient en cercle autour de l'accusé et chacun à son tour énumérait ses qualités et ses bonnes actions. La cérémonie ne prenait fin que lorsque la tribu était à court de commentaire positif. Une grande fête était alors organisée, au cours de laquelle la personne accusée était symboliquement réintégrée au sein de la communauté.

Bel exemple de gentillesse sociale et solidaire !

Le pardon ne change pas le passé, mais il élargit l'horizon du futur. C'est la voie qui mène à la liberté, à la paix et qui nous fait entrer dans l'énergie de l'Amour.

L'AMOUR

Le seul transformateur, le seul alchimiste qui change tout en or, c'est l'amour. Le seul antidote contre la mort, l'âge, la vie ordinaire, c'est l'amour.

ANAÏS NIN

L'alchimie de l'amour

L'amour n'est pas une simple émotion mais cette énergie qui transmute l'ordinaire en extraordinaire, la peur en joie, le manque en complétude, la séparation en Unité… C'est tout à la fois un besoin universel, une énergie de guérison, une force de vie qui vous accompagne des rivages de l'enfance au crépuscule de votre existence. Il est cet amour attentionné des parents pour leur enfant, celui de deux adultes attirés l'un par l'autre, mais aussi cet amour inconditionnel envers soi-même, comme avec autrui. S'aimer soi pour aimer l'autre… Trouver cette source intérieure qui calme la soif de reconnaissance et permet de s'ouvrir au monde avec bienveillance, sans avidité, apaisé par ce rayonnement singulier.

Les couleurs de l'amour

Si l'amour a bien des visages, ils ont en commun de produire les hormones du plaisir et de vous mettre dans un état d'ouverture à l'autre, en combinant trois composantes : intimité, expression des désirs (sexuel, reconnaissance, estime, attention…) et engagement. Créativité permanente d'un être vivant face à un autre être vivant, l'amour est à la fois langage du cœur, du corps et de l'âme….

L'amour et vous

Cochez dans cette liste les formes d'amour qui rayonnent dans votre vie :

- ☐ Amour de soi
- ☐ Amour parental
- ☐ Amour filial
- ☐ Amitié
- ☐ Empathie
- ☐ Tendresse

- ☐ Passion
- ☐ Compassion
- ☐ Amour des autres
- ☐ Amour conjugal
- ☐ Amour guérisseur
- ☐ Amour don,
- ☐ Amour inconditionnel,
- ☐ Amour universel,
- ☐ Amour divin,
- ☐ Amour cosmique,
- ☐ Amour source

Quelles sont celles que vous avez envie de vivre plus pleinement ?

Quoi que tu fasses, l'amour
est partout où tu regardes,
Dans les moindres recoins de l'espace,
Dans le moindre rêve où tu t'attardes.
L'amour, comme s'il en pleuvait…

FRANCIS CABREL

PARTIE 4

CES LEÇONS DE BIENVÉILLANCE VENUES D'AILLEURS

Des voix anciennes venues d'Asie, d'Afrique, des Amériques nous invitent à accueillir dans notre esprit et notre cœur cette bienveillance qui rend plus sage, plus aimant, plus attentif à soi, aux autres et à la beauté du monde !

L'APPROCHE BOUDDHISTE

Aimer c'est l'art d'être avec les autres, méditer c'est l'art d'être en relation avec soi-même, laissez l'amour et la méditation être vos deux ailes.

Osho

Les bouddhistes distinguent le plaisir du bonheur. Le plaisir est passager et s'épuise comme une bougie qui se consume. Le bonheur serait un sentiment d'épanouissement ne dépendant ni du lieu, ni de l'objet, ni du moment.

Pour connaître cet éveil spirituel, ils proposent d'explorer les quatre facettes illimitées de l'Amour véritable, appelées les **quatre incommensurables**. Il s'agit de qualités morales qui s'expriment sous forme de vœux universels à méditer, pour les laisser grandir en nous :

- *Mettã,* la bienveillance : « Je souhaite que tous les êtres trouvent le bonheur et les causes du bonheur » ;
- *Karunã,* la compassion : « Je souhaite que les êtres soient libérés de la souffrance et des causes de la souffrance » ;
- *Muditã,* la joie altruiste, « Je souhaite que les êtres trouvent la joie exempte de souffrance » ;
- *Upekkhã,* l'équanimité : « Je souhaite que les êtres demeurent égaux et en paix quels que soient les évènements, bons ou mauvais, qu'ils soient libres de partialité, d'attachement et d'aversion ».

Ces quatre incommensurables réduisent l'attachement à notre moi égoïste, ouvrent la conscience à l'immensité du monde ainsi qu'aux autres dans leur infinité. Pour le Bouddha, la bienveillance est la porte d'entrée à notre humanité.

Pour ouvrir votre cœur, guérir en douceur et faire rayonner le bien-être, vous pouvez pratiquer la méditation *mettã* ou méditation de la bienveillance.

Méditation de la bienveillance et de la compassion

Je dirige mon attention sur mon souffle…
En pleine conscience, j'inspire et j'expire
en étant ouvert à tout ce qui se présente
à moi dans l'ici et maintenant…

J'envoie un sentiment de bienveillance
et de compassion à mon égard.

J'explore un sentiment de sécurité :
« Que je sois en sécurité… »

En inspirant et en expirant, je sens la vitalité
en moi : ***« Que je sois en bonne santé… »***

En inspirant et en expirant, je m'ouvre
à la plénitude du cœur : ***« Que je***
connaisse le bonheur et le bien-être… »

En inspirant et en expirant, je m'ouvre
à la paix : ***« Que je sois en paix… »***

En inspirant et en expirant, je m'ouvre
à l'amour bienveillant : ***« Que je***
sois rempli d'amour… »

J'accueille à présent la sécurité,
la santé, le bonheur, la paix et l'amour
dans tous les aspects de ma vie…

« Que je sois en sécurité et en bonne santé. Que je connaisse le bonheur et le bien-être. Que je sois en paix. Que je sois rempli d'amour... »

En inspirant et en expirant, j'élargis le cercle de bienveillance et de compassion en incluant tous les êtres qui comptent pour moi : mes ancêtres, parents, enfants, famille, amis, collègues, voisins... Je leur accorde mon soutien et garde dans mon cœur un sentiment d'amour compatissant pour eux...

« Qu'ils soient en sécurité et en bonne santé. Qu'ils connaissent le bonheur et le bien-être. Qu'ils soient en paix. Qu'ils soient remplis d'amour... »

En inspirant et en expirant, j'inclus maintenant tous les êtres vivants qui souffrent, les animaux, les végétaux, les minéraux, la terre elle-même qui nous porte et nous nourrit. Je leur ouvre mon cœur compatissant...

« Qu'ils soient en sécurité et en bonne santé. Qu'ils connaissent le bonheur et le bien-être. Qu'ils soient en paix. Qu'ils soient remplis d'amour... »

Je tourne maintenant mon attention vers moi-même et constate le sentiment de bien-être que j'éprouve pour avoir souhaité du bien à d'autres… Je me remercie d'avoir pratiqué cette méditation et œuvré pour un monde meilleur…

Le cœur du processus de transformation est la prise de conscience, vrai fil d'Ariane vers la lumière. Pour semer des graines de bienveillance dans votre vie, pensez également à utiliser ces quatre principes spirituels venus d'Inde :

1. **« Quiconque vous rencontrez est la bonne personne. »**

   Personne n'arrive dans votre vie par hasard. Toute personne avec qui vous entrez en contact est là pour vous enseigner quelque chose.

2. **« Peu importe ce qui est arrivé, c'est la seule chose qui pouvait arriver. »**

   Chacune des circonstances de votre vie est absolument parfaite, même si elle semble défier votre compréhension et votre ego.
   Attendez, apprenez la leçon puis avancez…

3. « Chaque moment est le bon moment. »

Toute chose commence au bon moment, ni trop tôt ni trop tard. Quand vous êtes disponible pour quelque chose de nouveau dans votre vie, c'est là, prêt à débuter.

4. « Ce qui est terminé est terminé. »

L'expérience vous a permis d'évoluer, de vous enrichir. Il est temps de lâcher prise et d'avancer…

LE WABI-SABI

Le seul, le vrai, l'unique voyage,
c'est de changer de regard.

MARCEL PROUST

Le concept du wabi-sabi est associé au bouddhisme zen. Certains l'appellent le **zen des choses**, car on y retrouve certains principes spirituels communs : la contemplation, l'humilité, le détachement et la sérénité…

Le *wabi-sabi* est un concept esthétique japonais faisant appel à notre sensibilité et à nos sens pour savourer la vie. Ces deux petits mots peuvent nous aider à accepter notre singularité, à apprécier la beauté du monde, avec son imperfection et son impermanence. Il nous invite à changer notre regard et à aller à la rencontre des choses simples, rustiques, humbles, imparfaites, incomplètes, pour les redécouvrir avec bienveillance.

Les origines du wabi-sabi

Le premier maître de thé *wabi-sabi*, Murato Shuko (1423-1502), était un moine zen. À cette époque, le thé faisait l'objet d'une cérémonie fastueuse, nécessitant des ustensiles luxueux. En opposition à cette mode, Shuko servait le thé dans une grossière vaisselle locale. Cette coutume fut reprise un siècle plus tard par un célèbre maître de thé, Rikyu, qui créa un pavillon de thé sur le modèle d'une hutte de paysan, et paya de sa vie cette audace. Mais le *wabi-sabi* était né et ses valeurs spirituelles perdurèrent : se défaire du superflu, accepter l'impermanence, éviter la recherche de la perfection, observer la nature d'un regard attentif, aimant, pour y découvrir grandeur et beauté dans ses moindres détails.

Un éloge de la singularité

Selon Christopher A. Weidner, thérapeute et expert en feng shui, *wabi-sabi* signifie « se consacrer à l'essentiel, être pleinement soi », car nous portons en nous tout ce dont nous avons besoin pour nous sentir heureux. À condition d'échapper à la pression ambiante, aux diktats des modes, pour porter attention à ce qui nous est essentiel, pour « devenir ce que nous sommes »…

À la rencontre de la beauté cachée

Regardez ce qui vous entoure en prêtant attention aux détails des paysages, des objets, des personnes… Allez à la rencontre d'une fleur séchée dans un vase, de la majesté d'une chevelure blanchie, du charme d'un sourire sur un visage fatigué, de la danse de la poussière dans un rayon de soleil, d'une vieille photo jaunie…

Déambulez chez vous et laissez votre regard être « accroché » par un objet *wabi-sabi* (usé, cassé, oublié). Prenez-le dans vos mains, sans le juger, en lui portant une tendre attention. Demandez-vous : « Pourquoi l'ai-je gardé ? En quoi est-il important pour moi ? »

Laissez remonter vos souvenirs et accueillez-les avec bienveillance.

Sans doute vous sentez-vous maintenant moins stressé, plus nuancé dans votre ressenti et vos opinions… Savourez !

Choisissez ce qui vous rend heureux

Le *wabi-sabi* ne fait pas l'éloge du renoncement ou du minimalisme contraint, mais d'un choix éclairé pour vous accepter pleinement et faire rayonner l'essence de votre être.

Pour respecter votre authenticité, prenez le temps d'identifier vos valeurs et vos besoins actuels. Établissez ensuite la liste de vos activités.

....

....

....

....

Quelles sont celles qui vous apportent du plaisir et auxquelles vous trouvez du sens ? Sont-elles en lien avec vos besoins essentiels et vos valeurs ?

....

....

....

....

Que vous faudrait-il faire, ou ne pas faire, pour mieux les respecter et les faire vivre au quotidien ?

....

....

....

....

HO'OPONOPONO

Soyez le changement que vous voulez voir dans le monde.

GANDHI

Ho'oponopono[1] est une philosophie de vie qui remonte à l'Antiquité hawaïenne est aussi une formidable approche d'évolution personnelle pour vous permettre de **diffuser la paix, en vous et autour de vous**.

Ho'oponopono a été popularisé au XXe siècle par la chamane Morrnah Simeona, puis par le Dr Len et Joe Vitale. Des milliers de personnes dans le monde l'utilisent chaque jour, et beaucoup l'ont découvert grâce à un texte de Joe Vitale, posté sur Internet :

« Un jour, j'ai entendu parler d'un thérapeute d'Hawaï, le Dr Len, qui a guéri une salle complète de patients aliénés

1. *Ho'oponopono* signifie « rendre droit, rectifier, corriger ce qui est erroné ».

criminels, sans jamais voir aucun d'eux. Le psychologue étudiait le dossier d'un interné et ensuite regardait en lui-même…

À mesure qu'il s'améliorait lui-même, le patient s'améliorait.

Quand j'ai entendu cette histoire pour la première fois, j'ai pensé que c'était une légende. Comment quelqu'un pouvait-il guérir quelqu'un d'autre en se guérissant lui-même ? Ça n'avait pas de sens. J'ai donc rejeté cette histoire.

Puis j'ai appris que le Dr Len avait utilisé un procédé de guérison hawaïen appelé Ho'oponopono. J'ai fini par lui téléphoner. Il m'a expliqué qu'il avait travaillé quatre ans à l'hôpital psychiatrique d'Hawaï. Le service où l'on gardait les malades mentaux criminels, était dangereux. Le personnel prenait beaucoup de congés maladie ou démissionnait.

Le Dr Len accepta d'avoir un bureau pour consulter les dossiers des patients, mais il ne les voyait jamais. Pendant qu'il regardait les dossiers, il travaillait sur lui-même… Après quelques mois, des patients que l'on avait dû attacher avec des sangles furent autorisés à circuler librement. D'autres à qui l'on avait prescrit des médicaments très puissants se virent réduire leur dose. Et ceux qui n'avaient aucune chance d'être relâchés furent libérés. »

Quand on a demandé au Dr Len ce qui amenait ces gens à changer, voilà ce qu'il a répondu : « *Tout simplement, je guérissais la partie de moi qui avait créé ces difficultés. Car tout dans ma vie est ma création. Je sais que cela est difficile à admettre. Mais si je veux changer ma vie, je dois commencer par me changer moi-même car l'humanité est reliée par un lien d'amour universel. Alors, je prends chaque dossier et je répète simplement : "Désolé, pardon, merci, je t'aime."* »

Cette histoire vous semble irréaliste ou utopique ? Pour mieux comprendre comment cette approche fonctionne, voici ses principes fondateurs et les étapes à adopter pour la pratiquer.

Les principes d'Ho'oponopono[2]

- **La réalité est une création de nos pensées.**
  Nous percevons ce qui nous entoure au travers du filtre de nos croyances. Si l'on pense que notre voisin ou collègue n'est pas digne de confiance, nous allons guetter ses faits et gestes, pour trouver quelque chose qui vienne confirmer cette croyance.
- **Tout est à l'intérieur et existe en pensées dans notre esprit.**
  Il n'y a que notre propre réalité, que nous créons sans cesse avec nos pensées. Notre monde intérieur crée notre réalité extérieure.

2. Dr Luc Bodin, Maria-Elisa Hurtado-Graciet, *Ho'oponopono*, Jouvence, 2011.

- **Si nos pensées sont erronées, elles créent une réalité fausse.**
  Ressentant cette méfiance, nous allons mettre en place des émotions et des comportements qui vont renforcer cette idée. Pour en sortir, il faut changer nos pensées pour que la réalité puisse évoluer. De là, découlent les autres principes…

- **Si nos pensées sont positives, elles créent une autre énergie et une réalité plus constructive, ouverte à l'amour universel.**

- **Nous sommes le créateur de notre univers, et si nous corrigeons nos pensées, nous pouvons changer notre réalité.**
  Tel un artiste qui peint sa toile avec ses pinceaux, nous créons notre univers, c'est-à-dire notre représentation de la réalité, à l'aide de pensées, bonnes ou mauvaises. Les parties sombres de la toile correspondent aux zones sombres de notre esprit. Nous pouvons faire disparaître ces zones noires en laissant plus de place à la lumière et à un monde d'amour.

- **Ces pensées sont le produit de nos mémoires.**
  Une mémoire est un programme inconscient, qui a été créé par l'interprétation d'un évènement vécu dans le passé. L'origine de nos difficultés, ce n'est pas nous, mais nos mémoires. Lorsque nous nettoyons ces mémoires qui encombrent notre cerveau, nous

changeons notre façon de penser, et notre réalité se transforme.

Ho'oponopono nous invite à poser notre attention, non sur le problème, mais sur le nettoyage de la mémoire. Et le problème va alors perdre de son importance.

Un seul prérequis : avoir envie de chasser l'ombre de la relation et de son cœur !

Les quatre étapes vers la paix

Pour se libérer du passé et corriger les erreurs de perception, visualisez-vous sous une douche d'amour qui nettoie les mémoires qui vous ont enfermé dans un problème relationnel. Puis, en conscience, dites ces phrases :

- « **Désolé**, je ne savais pas que j'avais cette mémoire en moi.
  Je me sens triste face aux dommages collatéraux de cette croyance pour moi, comme pour l'autre. Je ressens tristesse, compassion et empathie avec le cœur… »

- « **Pardon**, à la vie, à l'autre, à moi-même.
  Je ressens le désir de me libérer du passé en prenant ma part de responsabilité, et de réparer ce qui a été endommagé… »

- « **Merci** de m'avoir indiqué le problème que je portais sans le savoir.
  Je suis en contact avec la gratitude, face à la richesse de l'expérience, la conscience et la croissance qu'elle provoque… »

- « **Je t'aime** : la vie, mon environnement, mes proches, moi-même…
  J'ouvre mon cœur et libère le meilleur en moi, et autour de moi… »

Puis je confie ce problème à l'Univers et laisse une agréable paix intérieure circuler en moi…

Et si vous testiez ce soir la magie de cette approche pour vous-même, votre conjoint, vos enfants, vos proches ? Votre mission, si vous l'acceptez, est d'offrir une brassée d'amour inconditionnel et d'en observer les résultats !

Précieux rituel d'endormissement…

Visualisez-vous sous une douche d'amour qui nettoie les tensions relationnelles de la journée. Repensez avec bienveillance aux personnes que vous avez rencontrées aujourd'hui. Puis dites avec tendresse et gratitude les phrases suivantes :

« Désolé pour ....

Pardon de ....

Merci pour...

Je t'aime... »

LES QUATRE ACCORDS TOLTÈQUES

Ce sont nos représentations qui nous enferment. Nous vivons plus dans l'échafaudage de nos représentations que dans la réalité objective. Le réel, lui, n'a ni porte ni fenêtre, il est l'infini de l'infini des possibles.

CHRISTIANE SINGER

Le chamane mexicain Don Miguel Ruiz s'est donné pour mission de transmettre des principes de vie des Toltèques, ces maîtres bâtisseurs qui vécurent aux alentours de l'an 1000 dans l'actuel Mexique. Son livre[3], qui s'est vendu à plus d'un million d'exemplaires, propose un puissant code de conduite pour faire de nous des personnes heureuses, capables d'appréhender avec plus de conscience et de bienveillance le monde.

3. *Les Quatre Accords toltèques. La voie de la liberté personnelle*, Jouvence, 2017.

Dans des termes très simples, il y montre comment se libérer du conditionnement collectif basé sur la peur pour retrouver la dimension d'amour inconditionnel qui est le fondement des enseignements toltèques.

Il propose de passer avec soi quatre accords pour sortir des croyances limitantes qui déforment la réalité et la perception que nous avons de nous-mêmes, des autres, de notre environnement. L'objectif est de se libérer de ces conditionnements éducatifs et culturels auxquels nous obéissons depuis l'enfance et qui nous maintiennent dans la souffrance en nous empêchant de nous réaliser pleinement.

Lisez ces quatre règles de vie et demandez-vous lesquelles vous aimeriez adopter pour être plus bienveillant avec vous-même et votre entourage.

1. Que votre parole soit impeccable

Parlez avec intégrité, authenticité, en refusant critiques, moqueries, jugements envers vous ou les autres, car la parole peut construire ou détruire. Servez-vous-en comme d'un « puissant cadeau donné aux humains » pour ne partager qu'amour et vérité. Cultivez la modération dans vos propos : parlez peu, parlez vrai, valorisez vos atouts comme ceux d'autrui.

2. Quoi qu'il arrive, n'en faites pas une affaire personnelle

Ce que les autres disent ou font n'est qu'une projection de leur propre réalité et de leurs croyances personnelles. Laissez-leur la responsabilité de leurs paroles, de leurs actes. Sortez de ce réflexe d'égocentrisme qui vous fait croire que tout ce qui arrive est une conséquence de votre attitude. En prenant du recul, en relativisant, vous vous immuniserez contre ce qui blesse.

3. Ne faites pas de suppositions

Supposer, c'est manquer d'informations ! Alors écoutez, puis posez des questions pour clarifier vos doutes et nourrir votre réflexion. Exprimez vos vrais désirs afin de communiquer clairement avec les autres. Cela vous évitera bien des « poisons émotionnels » qui provoquent malentendus, déceptions, manipulations, conflits…

4. Faites toujours de votre mieux

Un mieux qui change d'instant en instant, en fonction des situations et des périodes de votre vie. Renoncez à la recherche de perfection qui vous alimente en stress et mène à l'épuisement. Faites baisser la pression en remplaçant les « Je dois » par des « Je peux ». En étant tolérant et bienveillant, vous éviterez d'avoir des regrets ou de vous sentir coupable…

PLUMES DE PAROLES

Un jour, un homme se mit à critiquer le sage du village. Quand il prit conscience de son erreur, il demanda pardon au vieil homme, affirmant être prêt à tout faire pour s'amender. Celui-ci n'exigea qu'une chose :

– Prends ton oreiller, sors dans ton jardin, déchire-le et laisse le vent disperser les plumes.

L'homme s'exécuta, puis revint demander au sage :

– Suis-je pardonné à présent ?

– Pas encore. J'aimerais que tu ailles maintenant ramasser toutes les plumes.

– Mais c'est impossible, le vent les a toutes dispersées !

– Eh bien, il est aussi difficile de réparer les torts que tu as causés par tes paroles que de récupérer les plumes. Tes paroles, elles aussi, ont fait leur chemin…

Dites-vous combien vous êtes
formidable, combien vous vous aimez.
Servez-vous de la parole pour rompre les
petits accords qui vous font souffrir.

DON MIGUEL RUIZ

LE KASÀLÀ

*Comme du sein de la terre on sort de l'or
et des diamants, ainsi, du plus profond
de toi-même, il y a des trésors qu'il faut
amener à la lumière.*

GOETHE

En vous inspirant de la tradition africaine et des griots, pratiquez l'art oratoire du *kasàlà* ou de l'*auto-louange*. Ce rituel propose un arrêt sur soi pour identifier ses singularités, ses qualités, ses pépites intérieures, afin de renouer avec sa puissance et prendre pleinement sa place dans la communauté. Une invitation à cultiver la confiance en soi, l'esprit d'émerveillement, et à célébrer la vie.

Les origines du *kasàlà*

« Le kasàlà est un poème-récit cérémonial de célébration ou d'autocélébration, déclamé en public. C'est une parole qui

prend soin de l'âme et du lien », explique Jean Kabuta[4]. Cet ancien professeur de littérature, originaire du Congo et belge d'adoption, rappelle qu'en Afrique on composait traditionnellement un *kasàlà* avant et après une guerre, lors d'une cérémonie de mariage ou de funérailles, pour accueillir un hôte, introniser un chef ou un roi. Autant d'occasions différentes pour louer la singularité et la beauté de chaque être humain…

Après avoir soutenu sa thèse de doctorat sur le *kasàlà*, Jean Kabuta anime depuis 1995 des ateliers sur cette puissante pratique transformatrice qui renforce estime et affirmation de soi, en offrant une présence attentive aux êtres et au monde, un regard bienveillant tant sur soi que sur l'autre.

Le *kasàlà* est une pratique qui permet de dépasser les modes relationnels basés sur la comparaison et la compétition pour faire l'expérience de la complémentarité et encourager la coopération. Si cet art oratoire constitue une pratique de développement personnel et collectif, il ouvre également une voie initiatique, mettant en contact avec quelque chose de plus grand que soi, l'animé et l'inanimé, l'esprit et la matière, l'humain et le divin…

4. *Kasàlà, une école de l'émerveillement*, Jouvence, 2016.

Le *kasàlà*, mode d'emploi

Ce cadeau que l'on peut s'offrir ou offrir lors d'un évènement particulier peut également être réalisé dans un environnement professionnel ou scolaire. Sa composition doit respecter certaines règles traditionnelles :

- Il se déclame en présence d'au moins une personne.
- Il se récite en position debout, le regard droit, la voix forte et d'un débit plutôt rapide.
- Il utilise des figures de style (métaphore, ellipse, humour…) et prend la nature (plantes, animaux, phénomènes naturels…) comme source d'inspiration, ce qui lui donne souvent une forme poétique.

Le *kasàlà* pour s'auto-louanger

Sous cette forme, le *kasàlà* permet à l'individu de s'affirmer et d'exister en tant que sujet. Il ose dire « Je suis », « moi », pour se définir devant d'autres. Mais ce « je » déborde le cadre étriqué du simple individu pour devenir « nous », car « l'homme est homme à travers l'autre », comme l'énonce un proverbe zoulou.

Le *kasàlà* débute par l'énonciation de nos différents noms (prénoms, surnoms, nom) : « Moi… », « Je suis… », « Je m'appelle… », « Me voici… »

Il se poursuit par l'énumération de quelques qualités morales ou physiques que l'on se reconnaît ou que les autres nous attribuent. Par exemple :

« Je suis Alexia, amie sage et loyale,

Cette fleur de lotus qui apaise les âmes,

Me voici portée par la brise du soir

Pour consoler les chagrins du jour… »

Paroles de soi

Mettez-vous debout, solidement ancré sur vos pieds, et dressez votre autoportrait de manière poétique, métaphorique, avec vos mots à vous.

Laissez l'inspiration vous murmurer votre mantra, celui qui vous fera rayonner de toute votre humanité…

Le *kasàlà* pour louanger l'autre

Après avoir mené votre petite enquête et collecté des informations sur le futur louangé, rédigez votre poème. Commencez par l'énonciation de ses différents noms, puis énumérez ses qualités morales et physiques, ses rêves, ses valeurs. Des anecdotes peuvent venir enrichir votre poème pour susciter intérêt et émotion.

Par exemple :

« Toi, Thomas, frère et ami fidèle,

Solide comme le roc,

Agile comme l'écureuil,

Tu apaises et rassures… »

Offrez des louanges

Choisissez dans votre entourage une personne qui aurait besoin de recevoir des louanges bienveillantes. Rédigez un texte et offrez-le-lui.

....

....

....

....

....

....

....

....

....

....

CONCLUSION

Notre voyage bienveillant se termine, mais le vôtre continue ! Vous pouvez choisir de nourrir des pensées, des croyances, des émotions, des actions qui vous enferment dans un espace clos et alimentent trop souvent une souffrance où se mélangent peur, colère, culpabilité, tristesse… Ou bien vous pouvez ouvrir la porte avec les clés trouvées au fil de ces pages pour faire rayonner la bienveillance dans votre existence et celle des autres.

Si l'aventure vous tente, mettez de la douceur dans votre regard, un sourire sur votre visage, de l'amour et de la lumière dans votre cœur pour devenir ce veilleur de bien-être qui peut changer le monde. Car vivre dans le cœur, c'est s'ouvrir à l'infini, à l'infini de l'Être, à l'infini des possibles…

LES DEUX LOUPS

Dans une tribu indienne, un sage expliquait à son petit-fils :

–Tu vois, en chacun de nous, deux loups s'affrontent en permanence : il y a le loup de la haine, du pessimisme, de l'égoïsme, de la méfiance ; et il y a aussi le loup de l'amour, de l'optimisme, de la générosité, de la bienveillance.

– Quel est celui qui l'emporte, grand-père ?

Et le sage répondit :

– Celui que tu nourris !

La beauté qui sauvera le monde c'est
la générosité, le partage, la compassion,
toutes ces valeurs qui amènent à une
énergie fabuleuse qui est celle de l'amour.

PIERRE RABHI